中国旅游地产开发模式创新研究

Innovation Study on the Development Model of Tourist Real Estate in China

龚苏宁 著

东南大学出版社
SOUTHEAST UNIVERSITY PRESS
·南京·

图书在版编目(CIP)数据

中国旅游地产开发模式创新研究/龚苏宁著. —

南京:东南大学出版社,2018.11

ISBN 978 - 7 - 5641 - 7911 - 3

Ⅰ. ①中… Ⅱ. ①龚… Ⅲ. ①旅游—房地产开发—研

究—中国 Ⅳ. ①F299.233

中国版本图书馆 CIP 数据核字(2018)第 179394 号

中国旅游地产开发模式创新研究

出版发行	东南大学出版社	
出 版 人	江建中	
社　　址	南京市四牌楼 2 号	
邮　　编	210096	

经　　销	全国各地新华书店	
印　　刷	江苏凤凰数码印务有限公司	
开　　本	700mm×1000mm　1/16	
印　　张	11.25	
字　　数	245 千字	
书　　号	ISBN 978 - 7 - 5641 - 7911 - 3	
版　　次	2018 年 11 月第 1 版	
印　　次	2018 年 11 月第 1 次印刷	
定　　价	49.00 元	

* 本社图书若有印装质量问题,请直接与营销部联系,电话:025 - 83791830

序

　　《中国旅游地产开发模式创新研究》是在中国旅游地产已经起步,并将呈现快速发展的态势,旅游地产成为国民经济新的增长点的大趋势下,作者在理论结合实践的基础上,进行了创新性的研究而完成的著作。

　　基于我国经济的发展,城乡居民收入稳步提高,人们可支配的闲暇时间在增加,国家出台了多项关于逐步落实带薪休假制度、加快基础设施建设、多方资金支持等方面的政策法规,全力推动旅游产业发展,如:实施旅游基础设施提升计划,改善旅游消费环境;实施旅游投资促进计划,新辟旅游消费市场;实施旅游消费促进计划,培育新的消费热点;实施乡村旅游提升计划,开拓旅游消费空间;优化休假安排,激发旅游消费需求;加大改革创新力度,促进旅游投资消费持续增长等。这对旅游地产的概念,我国旅游业的发展特色、趋势,旅游地产的发展前景、开发的主要形式、现有的开发模式等进行了较为深入的研究。

　　本书着重从理论和创新模式两方面对旅游地产开发进行了系统的分析:理论方面,在借鉴国内外研究成果的基础之上,探讨旅游地产开发的理论基础,提供目前市场上所缺乏的理论依据;在此分析的基础之上又进行了定量研究,分析了影响旅游地产开发模式选择的因素,确定指标体系,构建旅游地产开发模式选择模型;还对实际案例进行了分析,为优化开发模式选择提供专业的定量方法,弥补目前理论界缺乏旅游地产定量研究的不足,为开发商决策提供理论指导和科学依据;并在实践方面,以两个旅游地产项目为实证案例,利用建立的模型,对开发模式进行选择,以检验模型的可行性。创新模式方面,主要探讨了旅游地产开发新需求模式、新服务模式、新运营模式、新业态模式、新融资模式等,并进行了综合比较、评价及应用分析。

中国旅游地产开发在我国尚有极大的发展空间,龚苏宁先生结合当下旅游地产的时事、大企业的发展动向、互联网的发展等变化因素,分析新模式发展背景和必要条件,总结出适合不同类型旅游地产的新开发模式,对旅游地产项目的开发有一定的指导性作用,对推动该学科的发展也有积极意义。特此推荐,是为序。

唐元虎

上海交通大学管理学院教授、博士生导师

2018 年 8 月 28 日

Contents

图目录

表目录

第一章　绪论

第一节　中国旅游地产的社会背景

随着我国经济的发展,城乡居民收入稳步提高,国家统计局 2018 年 2 月 28 日发布《中国 2017 年国民经济和社会发展统计公报》,公布显示,初步核算,全年国内生产总值 827 122 亿元,比上年增长 6.9%[1]。国民经济的持续增长,推动着城镇居民的生活朝着全面实现小康社会发展,也带动了住房、教育、医疗、保险、汽车消费和旅游休闲产业的发展,使得旅游地产拥有了扎实的市场基础。人们可用于闲暇度假的时间在逐渐增加,2018 年中国公民的法定假日有 115 天,全年约有三分之一的闲暇时间可以用于休闲度假活动,这也为旅游休闲活动提供了充足的发展空间。伴随着旅游产品的多元化发展趋势,今后旅游地产事业的发展将会获得更大的空间。

近些年国家出台了多项关于逐步落实带薪休假制度、加快基础设施建设、多方资金支持等方面的政策法规,全力推动旅游产业发展,如:2012 年《关于金融支持旅游业加快发展的若干意见》和《关于鼓励和引导民间资本投资旅游业的实施意见》、2013 年《国民旅游休闲纲要(2013—2020 年)》。目前我国旅游经济正处于加快发展的战略机遇期,2014 年发布的《国务院关于促进旅游业改革发展的若干意见》提出:到 2020 年,境内旅游总消费额达到 5.5 万亿元,城乡居民年人均出游 4.5 次,旅游业增加值占国内生产总值的比重超过 5%[2]。2015 年《国务院办公厅关于进一步促进旅游投资和消费的若干意见》指出旅游业是我国经济社会发展的综合性产业,是国民经济和现代服务业的重要组成部分。实施旅游基础设施提升计划,改善旅游消费环境;实施旅游投资促进计划,新辟旅游消费市场;实施旅游消费促进计划,培育新的消费热点;实施乡村旅游提升计划,开拓旅游消费空间;优化休假安排,激发旅游消费需求;加大改革创新力度,促进旅游投资消费持续增长。这些对于推动现代服务业发展,增加就业和居民收入,提升人民生活品质,具有重要意义。

近些年我国旅游业发展的实践表明,国内旅游市场前景广阔,需求潜力较大,国内旅游将维持高速稳定增长的局面,由数量速度型朝着质量效益型发展。国内旅游的配套基础设施和服务设施将进一步地发展。

第二节 中国旅游业的发展趋势

一、旅游消费层次、消费结构多元化

随着人民收入水平及旅游设施的供给水平的提高,人们出门旅游要求吃得好、住得好、乘车带空调、乘飞机往返等要求,从基本满足型向舒适型、享受型发展。当前我国国内旅游消费的结构中食住行的比重较大,达 75%～85%,游购娱占 15%～25%。旅游业发达国家和地区如新加坡和中国香港,旅游消费中游览购物娱乐支出占 60%[3]。我国旅游消费情况中,物质消费偏多,精神消费较少。随着我国旅游产品生产开发的多样化系列化和旅游配套设施投资结构的进一步改观,今后我国国内旅游消费结构中游购娱的比重将进一步上升,精神消费的比重也将上升。

二、旅游人数、有组织的团体和自费旅游增多

目前我国国内旅游人数年平均增长率在 10% 以上,随着市场经济的深入发展,旅游人数将继续增长,并维持高速局面[4]。随着旅行社的发展及服务质量的改观。旅行社提供食住行游购娱一条龙服务,提供各种旅游信息,越来越多的人通过旅行社旅游。近些年公费旅游中的职工奖励旅游、公务旅游、会议旅游在国内旅游中份额逐步卜降,而随着人民生活水平的提高,更多的人选择自费旅游的方式。

三、旅行路线向长途、出国旅游发展

如今人们将不满足于家门口的短距离旅游,而是选择中长途旅行。随着我国交通事业的进一步发展及人们闲暇时间的增多,旅游涉及的区域向偏远地区延伸。由于边境旅游口岸的增加,出入境手续的便利,使出境游持续增长,中国旅游者到东南亚、澳洲、欧洲、美洲等旅游的人数日益增长。

四、旅游方式多样化发展

以前人们的旅游方式一般为观光旅游型,活动内容单一,随着人们生活内容的丰富,也要求旅游内容多样化、主题和特种旅游增加、享受型和游乐型的旅游内容增强。人们更喜欢度假游、购物游、美食游、探险游、生态游、考察游、民俗游、红色游等方式。

第三节　中国旅游地产的发展前景

人们的休闲需求不断增加,度假休闲、商务游、家庭度假游越来越流行,度假地、景区的短期或长期居住也逐渐成为消费的新方式。此类项目拥有大量投资,是旅游地产快速发展的消费前提,保证旅游地产在中国的发展壮大。我国旅游地产具有巨大的市场潜力、广阔的前景空间,旅游地产开发将成为未来十年中国地产行业中最靓丽的风景线,主要表现如下:

一、国家政策上对旅游地产的支持

党中央、国务院及各级政府,相继出台了刺激和拉动旅游及相关产业发展的政策,为我国旅游地产的发展提供了一个广阔发展的平台,这是我国旅游地产可持续发展的坚实基础和动力保证。目前国内扩大内需的重点已转向消费,增强热点消费的带动效应与扩散效应,以适应居民收入水平的提高和消费结构的升级趋势。城市经济的发展由过去主要依赖制造业转化为依赖旅游休闲方面,表现在对城市公共用地的开发利用如文化场馆、商业设施、旅游休闲、娱乐餐饮、体育会展、民俗、教育服务等方面给予了更高的重视,这些都反映了城市经济模式朝着旅游休闲方向转变,城市经济模式的转变对旅游地产发展是十分有利的。

二、庞大的消费群体提供了巨大空间

中国出境旅游大数据报告显示,2017 年中国公民出境旅游 13 051 万人次,比上年同期增长 7.0%;在旅游支出方面,2017 年我国国际旅游支出达 1 152.9 亿美元,相比 2016 年 1 098 亿美元增长 5%[5]。快速发展的旅游业是旅游地产研究的大背景,我国将从亚洲旅游大国变成世界旅游强国。假日旅游经济持续增长必将吸引大量投资,其中很大一部分会投入到旅游物业建设上,为旅游地产开发提供契机。目前中国接待入境过夜旅游人数占世界总量的 4%,约为法国的 1/3、西班牙和美国的 1/2;旅游创汇占世界总量的 3.0%,约为美国的 1/5,意大利、法国和西班牙的 2/5,英国的 3/5。据国家旅游局预测,2020 年中国将接待海外旅游者 1.35 亿~1.45 亿人次,约占世界总量的 8.4%~9.0%;国际旅游创汇 530 亿~760 亿美元,约占全世界总量的 2.7%~3.8%。据世界旅游理事会(WTTC)预测,2020 年中国将接待 1.37 亿入境旅游者,占世界总量的 8.6%,居世界首位。[6]

三、城市交通体系及基础设施不断完善

从城市基础设施尤其是高速公路的发展来看,北京、上海、广州、深圳等大城市路网系统发展迅速。2017 年以来,全国铁路完成固定资产投资 8 010 亿元,陆续有宝鸡至兰州高速铁路、西安至成都高速铁路西安至江油段、石家庄至济南高速铁路等项目投产运营,投产里程 3 038 公里。截至 2017 年底,我国铁路营业里

程达到 12.7 万公里,其中高速铁路 2.5 万公里,中西部地区(含东三省)铁路营业里程达 9.7 万公里。[7] 从人均汽车的拥有量来看,北京已达到 8 个人一辆车的水平,上海 12 个人一辆车,广州、深圳约 10 个人一辆车。专家预言,在中国的大城市 5 年之内就会进入 5 个人一辆车的时代。[8] 对于建立在车轮基础上的旅游地产而言,这是一个好消息。交通设施的建设使大城市之间的距离逐渐缩短,这是旅游地产发展的客观条件。

四、房地产业处在结构性调整的时期

传统的房地产在经历了近几年的高速发展后,市场趋于饱和,政府也相继出台了一系列的政策限制房地产盲目发展,土地政策开始紧缩。在这种情况下,一些旅游城市、沿海大中型城市须另辟蹊径,积极寻找盘活资产、提高效益的新途径。旅游地产业的发展将为房地产开发商提供新的发展领域,并有利于房地产市场的可持续发展。房地产市场日趋成熟,强势投资商、房地产开发商利用自己的资金优势已捷足先登,抢先机、划地界。未来几年我国旅游地产领域发展前景非常广阔,旅游与房地产横向结合的创新模式也必将带来旅游与房地产业的美好明天。

第四节　中国旅游地产的发展概况

旅游地产的开发能带动旅游业和房地产业的共同发展,已成为大家共同关注的热门话题,也引起了专家学者们的关注。但是从总体上看,中国旅游地产的实践不过十来年的历史,对旅游地产的理论研究是近几年才发展起来的,因此,旅游地产在实践上和理论研究上都处于初级阶段。旅游地产的概念混乱,迄今为止没有形成学术界共同认可的科学概念;旅游地产实践也还处于摸索的阶段,在旅游地产开发相关问题上更是没有较为清晰、明确的理论支持;除此之外,目前国内很多旅游地产项目在开发前期都没有详细地规划,甚至是盲目地克隆、模仿等等,在开发环境受限制的前提下,如何选择合适的、优化的开发模式还有待于进一步地研究。

目前,旅游与房地产的发展为旅游地产创造了巨大的成长空间,并且会长期持续和不断增长,因此进行旅游地产开发的研究是符合中国的发展趋势的,同时这种研究也可以提供目前市场上所缺乏的理论依据,在对政府工作进行引导,或者对开发商进行决策方面都有相当大的意义。在旅游地产开发的链条当中,开发模式占据着决定性的位置,它关系到旅游地产开发项目是否能够成功地运营,是否能够为当地的旅游及房地产业带来效益。构建开发模式选择合适的模型可以为开发商提供决策帮助。

随着"超旅游"和"泛地产"时代的来临,旅游地产逐渐成为旅游区域打造和房地产经营的交融点。尽管旅游地产在国外已经发展得很成熟,但对中国来说,旅游地产仍然是一个年轻的产业。随着旅游地产的不断升温,政府相关部门、业界和学界对于这一热点产业也展开了热烈讨论,在旅游地产发展的过程中暴露出许多问题,各界看法并没有统一,许多问题仍处于多方面争论和探讨的阶段。所以,深入开展旅游地产开发模式研究具有重要的理论和现实意义。在旅游地产暴露的问题中,关于开发模式的问题格外引人注目。一个科学的开发模式将会更好地推动该学科的发展,将对旅游地产开发企业的经营决策具有一定的指导意义和处方作用,可以避免盲目投资开发,推动旅游地产开发的技术进步,促进旅游地产开发企业的可持续发展。

第五节　主要研究内容

本书首先分析了国内外学者对旅游地产的研究,概括出旅游地产的概念是依托旅游资源,以房地产开发为手段,整合各类资源,具有旅游、休闲、度假、居住等功能的,集投资与消费于一体的运营模式;形成一个完整的旅游地产理论研究体系,主要包括旅游地产的基础理论和核心理论。

其次,随着泛地产和超旅游时代的来临,适应时代发展的创新旅游地产业将会获得迅猛的发展;旅游地产开发模式的演进经历了初期到现代到创新三个阶段。初期模式是根据是否融入规划元素来划分的,较为粗放,现代模式则主要从开发时序、产业功能、资源利用、布局结构四个角度对其进行划分。本书重点分析了初期模式及现代模式的特点、开发理念及存在问题。

再次,在充分研究初期、现有开发模式的基础上,结合当今时代发展的特征提出了旅游地产五种新的开发模式:新需求模式,包括旅游地产＋养老模式、旅游地产＋文化模式、电影主题公园模式、海外投资、收购模式、"全产业的超旅游"模式、旅游地产＋体育模式;新服务模式,包括自建特色服务平台、运用外部综合性平台;新运营模式,包括旅游地产＋大数据、旅游地产＋电商、旅游地产＋旅行社;新业态模式即产权式分时度假;新融资模式即众筹模式。这些新的模式较之以前的模式,在资源配置、土地利用、融资和资金回笼、综合因素、回报便捷性、社区化服务方面都具有独特的优势。新模式的运用,将在经济、社会、文化三个方面对旅游及区域开发产生积极的影响。

然后,结合旅游地产开发新模式的前瞻性和独特性,将影响中国旅游地产开发新模式选择的因素分为外部因素和内部因素。其中外部因素包括:旅游政策环境、旅游模式变化、消费理念、互联网等方面;内部因素包括:资源能力(资源整合能力、土地复合能力)、服务能力(配套服务、社区平台)、资金能力(融资能力、多重回报、回笼速度)等方面;基于SWOT分析法,总结归纳出旅游地产开发的四种战略模式为SO模式、WO模式、ST模式、WT模式。其中SO模式指项目的内部环境和外部环境都优越的条件下适合选择的模式;WO模式指项目的外部环境优于内部环境下适合选择的模式;ST模式指项目的内部环境优于外部环境下适合选择的模式;WT模式指项目内部环境和外部环境均处于弱势时选择的模式。

最后,结合万达西双版纳国际度假区和南京江宁区横溪街道石塘竹海旅游项目,运用专家打分法确定内、外部各因素的重要性程度,运用指标权重分析方法,对以上两个旅游开发项目进行开发模式选择研究,从而对旅游地产开发企业在开发该类型的旅游项目时,选择合适的新开发模式起到一定的帮助作用。

本研究将理论性、科学性、指导性与实践性相结合,以实用为原则,以现实企业、实际项目为基础进行研究。主要涉及的研究方法有:文献法、比较法、分析法、定量研究法、实地调查法、问卷调查法等研究方法。

总之,旅游地产在我国起步不久,存在着广阔的发展前景,市场潜力巨大,运营已初露端倪,但在发展过程中已经暴露出了一些问题。如何建立相关的管理法制、法规,政府、企业采取怎样的相应措施,如何加强监督管理,才能更好地促进旅游房地产的发展,这是个长久而艰巨的任务。当然如果能有效而及时地解决好各类问题,真正地把握住发展机遇,开发出符合中国国情、真正适合消费者的旅游产品,中国的旅游地产业才会飞跃式地发展,并将迎来辉煌的明天。

第二章　旅游地产开发的相关概念

目前旅游地产的概念并未统一,还广泛存在着争议,若要给旅游地产下一个合理的定义,必须对旅游、房地产、房地产开发、旅游地产、旅游地产开发、旅游地产开发模式的概念有全面的认识。

第一节　旅游

一、定义

"旅游"(Tour)这个词源于拉丁语的"tornare"和希腊语的"tornos",其含义是"车床或圆圈,围绕一个中心点或轴的运动",强调按照圆形轨迹移动。旅游的粗浅含义是指一种往复的行程,即人们离开某地后再回到起点的活动,而完成这个行程的人就被称为旅游者(Tourist)。[9]随着人们对旅游的研究的深入,旅游的定义也在完善。学者们分别从时间、目的、生活方式等不同的角度定义了旅游。在这些定义中,比较权威的定义有以下三种:

1. 概念定义

用来确定旅游的基本特点以及将它与其他类似的或有时是相关的,但又不相同的活动区别开来。目前国际上普遍接受的概念定义是1942年由瑞士学者汉沃克尔和克拉普夫提出的艾斯特定义,"旅游是非定居者的旅行和暂时居留而引起的一种现象及关系的总和。这些人不会因而永久居留,并且主要不从事赚钱的活动"。[10]

2. 技术定义

主要用来为国际旅游数据收集工作提供统计的标准。世界旅游组织在加拿大召开的"旅游统计国际大会"上对旅游基本概念做了新的定义,旅游指"人们为了休闲、商务或其他目的,离开他们的惯常环境,到其他地方访问并停留,但连续时间不超过一年的活动"。[11]

3. 理论定义

为进行旅游相关理论研究而服务。"旅游"从字义上很好理解,"旅"是旅行、外出,即为了实现某一目的而在空间上从甲地到乙地的行进过程;"游"是外出游览、观光、娱乐,即为达到这些目的所做的旅行,二者合起来即旅游。所以,旅行偏重于行,旅游不但有"行",且有观光、娱乐含义。目前比较流行的理论定义是"旅游是人们为寻求精神上的愉快感受而进行的非定居性旅行和游览过程中所发生的一切关系和现象的总和"[12]。

对于旅游的定义差异很大,但综合来看,旅游的定义都涉及以下几个因素:①出游目的;②旅行距离;③逗留时间。

二、特征

从旅游的概念、技术及理论定义,我们可以看出旅游有以下几个特征:

(1)暂时性。旅游是人的空间位置的移动,而这种移动具有暂时性,并非所有暂时性移动都能称为旅游活动,旅游的目的是为了满足游客的休闲、商务或其他需求。

(2)服务性。由于游客到目的地要产生吃住行游购娱的活动,旅游需要相关产业及服务的支持,这些构成了旅游产业的基础。

(3)系统性。旅游是游客个人的休闲娱乐的消费方式,从空间上看,旅游是由客源地、目的地和通道构成的完整空间系统。旅游空间系统不仅是经济系统,也是文化系统和社会系统。

第二节 房地产

一、定义

关于房地产的概念有多种表述:

作为一种客观存在的物质形态,房地产是指房产和地产的总称,房产是指建筑在土地上的各种房屋,包括住宅、厂房、仓库和商业、服务、文化、教育、卫生、体育以及办公用房等。地产是指土地及其上下一定的空间,包括地下的各种基础设施、地面道路等。

房地产是指土地和定着于土地之上永久性建筑物、构筑物、附属设置,以及包括水、矿藏、森林等在内的自然资源,还包括与上述物质有关的权益及所衍生的权利。即房地产是商品,是财产,也是权利[13]。

房地产由于其自己的特点即位置的固定性和不可移动性,在经济学上又被称为不动产。可以有三种存在形态:即土地、建筑物、房地合一[14]。随着个人财产所有权的发展,房地产已经成为商业交易的主要组成部分。法律意义上的房地产本质是一种财产权利,这种财产权利是指寓含于房地产实体中的各种经济利益以及由此而形成的各种权利,如所有权、使用权、抵押权、典当权、租赁权等。

综上所述,房地产是指土地、建筑物及固着在土地、建筑物上不可分离的部分及其附带的各种权益,是实物、权益、区位三者的综合体。其中的实物指的是房地产中有形的、可以摸得着的部分,例如外观、构造、设备、装修等;权益指房地产中无形的部分,包括权利、利益、收益(如房屋所有权、使用权、抵押权、租赁权等);区位则是指房地产的空间位置。具体来说,房地产的区位表示的是该房地产与其他房地产或事物在空间方位上和距离上的关系。

二、特征

房地产有以下几个特征:

(1)位置的固定性。土地和房屋是最典型的不动产,它总是固定在某一个地方,不能随便移动。

(2)资源有限性。房屋建筑与土地是不可分离的,而土地资源并不是取之不尽用之不竭的,尤其是在有些大城市里土地资源更是紧缺。土地资源供给的有限性,必将导致房屋资源供给的有限性。

(3)使用的长期性。由于房地产以土地为基础,而土地是能长期使用的,不会受到任何东西的毁坏。建在土地上的建筑物一旦建成只要不遭遇自然灾害,也能使用数十年甚至上百年。

(4)投资的大量性。目前中国的国情是人多地少,购买房地产必然要投资大量的资本,而且住房可以提供给人们更多的社会认同感及社会融入感。

(5)保值增值性。住房建设必须依附于土地,而土地由于具有不可再生性,且是越使用越值钱的商品。土地使用得越多,凝聚在上面的人文因素就越多,周边配套越完善,住房的价格也必然会上涨,其保值和增值功能便突显出来了。房地产项目所在地的经济越发达,该特征就越明显。

三、房地产业主要包括以下内容

(1)国有土地使用权的出让,房地产的开发和再开发,如征用土地、拆迁安置、委托规划设计、组织开发建设、对旧城区土地的再开发等;

(2)房地产经营,包括土地使用权的转让、出租、抵押和房屋的买卖租赁、抵押等活动;

(3)房地产中介服务,包括房地产咨询、估价和经纪代理、物业管理;

(4)房地产的调控和管理,即建立房地产的资金市场、信息市场、技术市场、劳务市场,制定合理的房地产价格,建立和健全房地产法规,以实现国家对房地产市场的宏观调控。

第三节　房地产开发

房地产开发是指从事房地产开发的企业为了实现城市规划和城市建设(包括城市新区开发和旧区改建)而从事的土地开发和房屋建设等行为的总称。[15]房地产开发是指在依法取得国有土地使用权的土地上,按照城市规划要求进行基础设施、房屋建设的行为。[16]因此,取得国有土地使用权是房地产开发的前提,而房地产开发也并非仅限于房屋建设或者商品房屋的开发,而是包括土地开发和房屋开发在内的开发经营活动。房地产开发是指在依法取得国有土地使用权的土地上进行基础设施、房屋建设的行为。房地产开发与城市规划紧密相关,是城市建设规划的有机组成部分。

房地产开发是房地产活动中一项重要制度,属于房地产生产、流通、消费诸环节中的首要环节。《中华人民共和国城市房地产管理法》中所述房地产开发是指在依据本法取得国有土地使用权的土地上进行基础设施、房屋建设的行为[17]。作为不动产,与其他商品的开发相比,房地产开发投资大、耗力多、周期长、高赢利、高风险的特点,使房地产开发活动在人们的生活中占据越来越重要的地位。

第四节　旅游地产

一、定义

国内相关文献中关于旅游地产的概念,主要有以下几种表述。

(1) 1996 年,中山大学陈卫东认为"由于旅游业发展的广泛的带动作用,房地产业的发展强烈地受旅游业发展的牵动,大批的房地产项目本身就是为旅游观光与度假用的,如宾馆、酒店、度假村、别墅、招待所、娱乐设施等。一些房地产项目本身就是直接或间接为旅游服务的,如超级市场、会议中心、体育训练中心等"[18]。虽然他未对这一概念详细定义,但却较早地看到了旅游业和房地产的结合以及旅游地产的部分特征。

(2) 旅游地产是指以旅游度假为目的的房地产开发、营销模式,开发项目全部或部分实现了旅游功能,旅游地产的开发对象为旅游物业。一般而言,旅游物业除按传统方式开发经营的酒店和度假村外,按其所有权和使用权的不同可为分时权酒店、产权酒店、养老休闲酒店、高尔夫、登山、滑雪运动度假村和时值度假型酒店等几种形态[19]。

(3) 旅游房地产是指以旅游区域的景观、生态、文脉及人气资源为开发契机,以休闲度假村、旅游景区主题休闲公园、旅游(休闲)运动村、产权酒店、分时度假酒店、高尔夫度假村、景区住宅(风格别墅)、民俗度假村、国际休闲度假中心等方式开发的旅游置业项目[20]。

(4) 旅游地产是以旅游为目的,以旅游资源(包括自然景区和人造景区)为卖点,以房地产开发为营销方式,房地产开发全部或部分实现了旅游功能的房地产[21]。

从上面诸多对"旅游地产"概念的表述,可以看出早期的观点认为旅游地产是指以旅游度假为目的的房地产开发,具体产品形态包括休闲、度假、养老等相关的房地产开发形式以及产权酒店、养老度假村、高尔夫度假村、休闲生态度假村、登山、滑雪运动度假村等。但仅把旅游地产理解为以度假为目的是片面的,随着旅游房产开发实践的不断延伸,出现了非度假类的旅游房产开发,如深圳的锦绣中华是旅游房产,它的主要功能是观光旅游而不单单是度假。而随着近些年来房地产开发依托环境的变化及城市休闲步行街、城市商业中心等城市景观的高速建设,旅游和房地产的结合层次更高,相互联动更强,已经不仅仅局限于以旅游度假为目的的房产了。

由于旅游地产属于旅游业和房地产业的交叉产业,产业归属不明确,两个产业的专家分别从不同角度对其下了定义,加之旅游地产的产品又极为丰富,难以全面涵盖。这些原因使得其概念难以达到统一。通过归纳与分析,本书将旅游地产定义为:旅游地产是依托旅游资源,以房地产开发为手段,整合各类资源,具有旅游、休闲、度假、居住、商业等某一种或几种功能,集投资与消费于一体的置业项目。这里提到的旅游资源包括自然旅游资源、人文旅游资源和人造旅游资源、体育休闲运动等。

二、旅游地产与传统房地产的比较分析

与传统房地产开发相比,旅游地产从前期策划规划到后期物业运营管理的全过程,都具有突出的特征,传统的房地产概念相对狭隘,其产品主要是依托大众市场交易的建筑物。而旅游地产并不是一般居住空间意义的居所,也不是一栋栋孤立存在的房子的概念,它要求营造的不仅是一个自然景观的空间,而是一个更好的综合服务空间,主要表现在以下几个方面,如表1所示:

表 1　旅游地产与传统房地产的比较分析

类别	旅游地产	传统房地产
环境特色	依托于丰富的独特旅游资源,包括自然旅游资源、人文旅游资源和人造旅游资源、体育休闲运动	局限于小区的绿化环境,无独特性
功能特征	既要有住宅的基本功能,又要具备娱乐性和休闲性的旅游功能	相对单一,起到满足日常生活上做起居的要求

类别	旅游地产	传统房地产
设计要求	拥有特色主题,注重外部环境和配套设施,符合休闲度假的人性化	关注生活设计功效
投资特点	投资回报率高,基础建筑比重相对较小	以基础建筑为主
管理特色	包括配套设施及服务,高度完备的系统管理	住区性质的常规物业管理
消费特征	投资和销售的双重性,注重回报与社会价值的平衡	首先是居住功能,其次是投资价值
经营特征	消费的可存储性和期权消费,可异地经营	经营本地化,很难跨地区经营

资料来源:作者绘制

1. 环境特色

旅游地产开发多选择在风景名胜区,风光秀丽、气候宜人,同时也应注重当地历史文化氛围及文脉的开发。旅游地产倡导自然属性的回归与心情的释放,而人本主义思想也成为旅游地产的核心价值观。传统房地产出于价位的考虑,对自然环境的要求往往不是很高,局限于小区无独特性的绿化环境。虽然近年来传统房地产在打造环境上已经有了较大突破,但旅游地产的消费环境要求相比较而言还是很高的。

2. 功能特征

传统房地产的功能相对较为单一,广义房地产的基本功能是指能满足消费者日常起居、生活、工作等功能。旅游地产则既要有住宅的基本功能,又要满足休闲度假旅游的特色服务需求,即其必须具备娱乐性、商业性、休闲性。

3. 设计要求

旅游地产的开发注重营造和谐、舒心、安静、轻松的气氛,营造一种旅游文化。设计要求具有概念主题,强调外部环境的设计,侧重于配套设施的建设,如餐饮、清洁等。旅游地产具有先进的规划思想和多功能属性。与常规房地产的较大区别在于,旅游地产突破了住宅的单一居住功能,而使住宅成为多功能的生活载体,如部分地产项目营造出的园林文化、水文化、山林生活以及各种会所配套设施等,还有多元化、多功能的社区物业,为住宅产业的旅游化、休闲化创造了前提条件,也使业主的生活更加丰富多彩。

4. 投资特点

旅游地产的开发者以自己优越的房产资源、标准化的服务模式来吸引投资者,然后在经营中获利。旅游地产交易方式灵活,市场广大,而且同一房产可以分时分权出售给不同的消费者,提高了房产的资金回收效率。而对于消费者来说,首先可以将旅游地产作为一种投资选择,可以获取相对稳定的投资回报和较高的附加值。一般来讲,旅游地产往往具有以下几大特点:第一,政府的形象工程和主要窗口工程;第二,具有一座城市的鲜明属性和文化特色;第三,发展前景和市场预期非常看好,往往既具有居住功能又具有丰厚的商业投资品质。

5. 管理特色

旅游地产一般拥有专业优质的物业管理与酒店管理。与普通住宅相比,配套设施和服务是旅游地产关注的重点,对面积并无特别的要求。旅游地产项目除为客户提供完善的日用设施外,同时还解决水、电、道路、通信等一系列配套公用设施及购物、运动、休闲娱乐活动场地等,也就是为顾客创造一个环境优雅、设备齐全的社区。

6. 消费特征

旅游地产首先是一种投资品,更注重回报与社会价值的平衡。从开发环节来看,投资旅游地产是一种固定资产投资,而固定资产投资通常被认为是拉动地方经济增长的三驾马车之一。从消费的环节上来看,消费者购买旅游地产,一方面是为自己旅游消费的方便,另一方面可作为一种投资生财的方式。在欧美许多国家,旅游地产的投资和消费双重性尤为突出,投资旅游地产如同投资股票一样普遍,已经发展成为一种时尚的理财方式。而传统的房地产首先是居住功能,其次是投资价值。

7. 经营特征

旅游地产在消费时间上可以是多次的,即一次性购买多个时间段或生前永久性(如养老型酒店)的消费权。时权酒店出售的便是每一个单位的每一个时间份的一定年限内的使用权。购买分时度假产品的消费者还可将自己的度假权益交换至分布于世界各地的度假村。例如,北京世豪集团的密云区"金海豚"分时度假产权酒店的购买者不仅拥有其所有权或使用权,同时享有"亚洲酒店资源联盟"所辖东南亚、港澳地区和内地多处旅游胜地 500 多家四星级以上酒店的交换和使用权[22]。在旅游业的其他领域,一般是在当时当地购买或提前异地预定产品,而在当时当地消费,不存在储存消费和期权消费。

第五节　旅游地产开发

从国内现有的研究可以看出,旅游地产开发有广义和狭义两种。狭义的旅游地产开发指为旅游服务的房地产开发项目;广义的旅游地产开发,包括所有以旅游、休闲度假为主题的地产开发、经营、服务等活动,本书主要针对广义的旅游地产进行研究。

　　旅游地产开发是依托自然旅游资源、人文旅游资源、人造旅游资源、体育休闲运动等资源,以地产开发为手段,融合旅游、休闲、度假、居住等功能,而从事的土地开发、房屋建设、消费、投资、服务、运营等过程。旅游地产开发是房地产开发和旅游业开发、运营、服务相结合的结果,一方面,它具有房地产的一般特征,但又不同于一般的房地产开发;另一方面,它具有旅游投资的某些特点,但又和旅游业的一般投资项目开发有所不同。旅游地产开发的主要特征可概括为以下几个方面:

一、项目要素的综合性

　　旅游地产开发融合了房地产业与旅游业的相关要素,如景观要素、环境要素、文化要素、投资要素、运营要素、服务要素等,出于休闲度假的需求,旅游地产的开发商和投资者对旅游地产的各个要素都提出了要求,而各要素应以不同的游客市场需求为出发点来设计产品和开发模式,才能体现出旅游地产与普通房地产开发的不同。

二、资源的依托性

　　不管是何种类型的旅游地产,都会依托当地的资源而建设的,有的依托底蕴深厚的人文资源,有的依托优美的自然资源,还有的依托便利的城市公共资源,不依托优越的资源条件的"闭门造车"对于旅游地产来说是不实际的,是不会吸引投资者的眼球的。

三、开发和经营一体化

　　以房地产开发为手段,通过开发、营销、管理旅游地产产品,满足人们对度假居住物业投入资金少、使用时间短、使用次数多、增值的要求,尽量创造休闲的、健康的、人文的旅游、度假、居住的环境。

四、功能上的娱乐休闲性

　　旅游地产开发由于在功能上是为旅游服务的,这一点决定了它除了具有一般房地产所具有的居住功能以外,还应具有较强的休闲娱乐功能,因此,旅游地产的开发要更加体现旅游功能。由于主要用来旅游度假,在设计时应与传统住宅房地产要有所区别,即设计的出发点是休闲度假而非居住;在户型设计、内外环境的打造上要充分考虑休闲度假者放松身心、休闲度假的需要。

第六节　旅游地产开发的类型

　　旅游地产的类型是指在旅游地产开发过程中由各个特殊的项目抽出来的共通点。旅游地产包括很多种形式,如休闲度假村、旅游景区主题休闲公园、旅游运动村、产权酒店、分时度假酒店、高尔夫度假村、景区住宅(风格别墅)、民俗度假村、国际休闲度假中心等。旅游地产归根结底是房地产的一种形式,旅游地产对于房地产业中的居住功能不必再强调,从旅游的角度来说,旅游地产主要是解决旅游六要素"吃、住、行、游、购、娱"中"住"的问题。因此,在本书中按照权属的不同,将旅游地产分为以下几种形式。

一、产权酒店

以酒店的房间为单位,开发商将每间客房分割成独立产权(拥有产权证)分别出售给投资者,投资者一般将客房委托酒店管理公司统一出租、经营,获取年度客房经营利润,同时投资者享有酒店管理公司赠送的一定时限的免费入住权。产权酒店购买者拥有房屋产权,他们购买目的主要是长线投资、财产保值增值和今后可以长期拥有与使用。

二、分时度假产品

分时度假(Time Share)就是把酒店或度假村的一间客房或一套旅游公寓的使用权分成若干时段(一般每年按周划成 52 份),以会员制的方式用锁定并且优惠的价格按份一次性销售给客户,消费者在约定的年限内(一般为 20~40 年),获得每年到酒店或度假村住宿一周或几天的休闲度假的权利,同时还享有转让、馈赠、继承等系列权利以及对酒店其他服务设施的优惠使用权。一开始是几户人家同时拥有一处房产,后来逐渐演变成每户人家在每年只拥有某一时间段的度假房产使用权。通过交换服务系统,会员可以把自己的客房使用权与其他会员异地客房使用权进行交换,以此实现以低成本到各地旅游度假的目的。

分时度假产品购买者的购买目的主要是为了每年短期居住使用,并有交换使用的灵活性,比每次租房要方便和便宜,也有财产保值、增值的可能。可以看出"分时度假"和"产权酒店"这两种方式的共同点,是适应购买者不需要去长期居住、只需要每年的短期居住使用要求,把房屋使用时间分割使用。除美国的国际分时度假交换公司(RCI)外,迪士尼、希尔顿、万豪、凯悦、阳光地带等公司都是著名的"分时度假"运营商。

三、分权度假产品

分权度假是建立在国外流行的分时度假模式之上的一种新型度假模式,在这种模式下,开发商将每套度假房屋分成多份产权对外销售,每份产权的持有人每年拥有一定天数的居住时间。购房者按需购买共有产权份额,在大幅降低购买成本与度假居住成本的同时,也可以通过相关的第三方平台进行度假房屋的预订、交换、出租等相关服务。

四、主题社区或景区住宅

此类产品主要指依托旅游景区、休闲度假区等优越的自然资源、人文条件的基础上开发的具有住宿、休闲娱乐等多种功能项目,位于城市里或城郊,实质上是旅游休闲设施和住宅两大块结合一起。主题社区不出卖产权及使用权,而景区住宅实际是商品住宅,投资者可以购买其产权。

五、房地产大盘或新城项目

这类型项目是在开发面积很大、周围有需要保护或可以借力的生态环境的前提下,建造的不同于小区配套景观的有大规模自然借景或人造景观的开发项目,消费者不拥有产权,如高尔夫、滑雪、登山等运动主题的度假村。

第七节 旅游地产开发模式

国外学者曾经认为每个模式都描述了一个在我们的环境中不断出现的问题,然后描述了该问题的解决方案的核心。模式(Pattern)其实就是解决某一类问题的方法论。把解决某类问题的方法总结归纳到理论高度,那就是模式。模式是一种指导,在一个良好的指导下,有助于你完成任务,有助于你做出一个优良的设计方案,达到事半功倍的效果,而且会得到解决问题的最佳办法[23]。问卷调查中只有12.1%的人比较了解旅游地产的开发模式,因此有必要清晰地阐述旅游地产开发模式的概念。旅游地产的开发模式就是适合旅游地产不同开发阶段的模式,主要是为了解决某一阶段旅游地产开发中所存在的各类问题的核心途径、方式或方法。旅游地产开发模式与开发类型相比,多了一层指导意义,在研究中不能将二者混淆。

第三章　国内外旅游地产的研究状况

第一节　国外研究状况

旅游地产是中国首创的词汇,在国外相关研究中很难找到直接关于 Tourism Real Estate 的文献,类似表述的研究领域有分时度假、产权酒店(Time-Sharing Hotel)、度假地房地产(Resort Real Estate)、休闲不动产(Recreational Property)、休闲房地产(Recreational Real Estate)和度假地不动产(Resort Property)。分时度假是国外学术研究和业界使用频率最高的术语,很多研究都是围绕着分时度假进行的。其中,分时度假是目前国外研究较为成熟的领域。

在欧美国家,分时度假的研究成果多见于住宿业杂志、分时度假会议资料、II (Interval International,全球第二大分时度假交换公司)、RCI(Resort Condominiums International,全球最大的分时度假交换公司)等大企业委托下属公司作的调查报告以及 ARDA(American Resort Development Association,美国度假业协会)这类机构主办的杂志如 DEVELOPMENT。依据检索的相关文献,分时度假研究主要围绕以下几个方面展开,这些研究成果给从业者很强的指导性。

一、分时度假市场研究

对分时度假市场的研究是在分时度假研究领域中最受关注的,这方面出现的第一篇文章是 Woodside, Arch G. , Moore 等[24]在《旅游研究记事》发表的"细分分时度假市场",以几个度假胜地为例,调查了该地度假者对分时度假的看法及原因等,并对分时度假市场做了细分。Laura J. Lawton, David Weaver, Bill Faulkner[25]也对购买分时度假产品的人们做了研究,调查他们对澳大利亚分时度假产品的满意度。Randall S. Upchurch[26]在全美用随机抽样的形式电话调查了 1 000 个家庭对分时度假的看法、购买兴趣和可以接受的价格,依据这些数据 Randall 阐述消费者心理特点、购买原因及开发商如何对产品进行有效推销等。Blank[27]指出分时度假市场有着美好的未来,但强迫性销售给产业带来了不佳的市场形象。1999 年他在《Marketing Resort Timeshare:The Rules of The Game》一文中指出"分时度假产业不仅具有极高的盈利可能性,还呈现出前所未有的繁荣景象"。"1983 年佛罗里达州通过的第一部分时度假房产法案,严格地限制和约束了开发商的行为,美国的分时度假市场开始有了法律规范的约束,分时度假产业的整体市场形象也开始改善"。此外,Peter Clever[28]对德国房地产投资旅游业的状况进行了实证研究,认为旅游业正在成为房地产商投资的热点,其原因是这种投资顺应了社会经济发展和消费者的需求变化。随着休闲时代的来临,人们有更多休闲度假的时间,房地产结合旅游业必会有光明的未来。

二、分时度假交换与保障体系研究

在分时度假的交换系统方面,由于国外分时度假是一步一步发展起来的,所以各种交换体制都存在。国外交换系统的信息技术比较成熟,从最初的"固定周制"到最先进的"点数制",但是由于许多技术属于商业机密,所以相关研究资料很难收集到,RCI 研究分析了不同地区的消费者交换偏好。1999 年 RCI 对亚太的分时度假交换体制做了调查,指出日本和韩国分时度假的特殊性,他们的产品大多在 26 天以上,且价格昂贵[29]。

在分时度假的保障体系方面,ARDA 的研究人员研究了法律因素对分时度假的影响,并在此基础上制订了分时度假法案的各种规则。总体来看,国外发达的市场经济与完善的法律法规为分时度假提供了保障。国外的分时度假交换和保障体系研究比较广泛而深入,重实践而轻理论,多为实务操作分析。

三、分时度假消费者研究

研究消费者的需求和购买动机,从而设计开发出合适的分时度假产品和有效的销售模式。Hickman 研究了分时度假者的消费偏好,以使开发商有针对地开发娱乐产品。RCI 的分析报告指出消费者的购买动机主要是看重分时度假的灵活性、经济性,质量的稳定性及度假的安全性。造成消费者购买犹豫的主要原因是经济因素和最初购置费及年维护费带来的忧虑,是否能够充分利用分时度假以使花费更有价值,担心度假村没有宣传中描绘的那么好[30]。Ragatz[31] 和 Yesawich[32]等人的研究主要是着眼于研究当时使用分时度假的人们及其度假偏好。John C. Crotts,Ragatz 和 Richard L. [33]对旅游度假房产消费者的特征进行了研究:对"第三居所""家外之家"这类房产面对的消费阶层;消费者的购买动机、购买方式、购买能力等;房地产开发过程中房产景观的"卖点"的不同,将其划分为景观设计房产与旅游景观房产两个群体,然后再分别进行细分。

四、分时度假其他问题研究

在对分时度假的问题研究中比较有代表性的是 Robert H Woods[34]在 2001

年发表的《分时度假业大事记》，在文章中，他用问卷调查的方法得出影响分时度假业的 26 个因素，并且通过方差最大旋转、因子分析等方法将其分成 8 大类，即战略问题、市场问题、管理问题、形象问题、资金问题、人力资源、职工培训、法律问题。同时，他还指出分时度假的融资存在较高风险，法律和行政成本高、销售成本高也成为分时度假发展的制约因素，并给出了应对这些问题的建议。

分时度假产品研究包括分时度假产品的开发、设计、管理、经营、销售等内容，同时还涉及分时度假的保障体系、产品交换系统等内容。在分时度假产品开发方面，国外研究人员较早关注项目的资本运营和度假村的管理问题。Philips[35]研究分析了度假村制定娱乐设施策略，指出娱乐设施在整个开发过程中的重要地位。Sarah Rezak[36]认为：定价在产品设计中是很关键的环节，对一项新开发的分时度假项目进行定价时，调查周边区域发展趋势是非常重要的。在分时度假的营销方面，Wallace Hobson[37]研究了作为第二居所的分时度假产品，包括分时度假产品的概念、特征、定位、定价等方面，提出建立私人房产俱乐部是一种可行的营销方式。Gentry[38]提出分时度假地有效的营销方式如远程营销、口碑宣传、考察旅行、包价旅行、目的地营销等方式。

在品牌方面，研究人员常关注如何建立分时度假的品牌，使消费者熟悉品牌，同时更多了份责任，必须做好每件事来增强品牌知名度。知名品牌的研究人员往往更有耐心，他们通过专门营销计划来冷静解决退货问题，增强信誉度。

第二节　国内研究状况

20 世纪 80 年代末分时度假的概念传入中国，在海南首先出现了分时度假酒店的萌芽，但是由于尚属新鲜事物，经营不规范，使得当时的分时度假并没有获得良好的市场收益。20 世纪 90 年代末期，分时度假才开始真正受到关注，并且以"旅游地产"的概念开始在房地产业内外传播开来。2001 年 7 月"中国首届旅游房地产博览会暨首届中国旅游房地产发展论坛"在海口举行之后，同年 11 月"中国旅游景观房地产论坛"又在杭州召开。随后的三年中，中华分时度假机构每年都会举办中国旅游地产峰会暨中华分时度假-产权酒店发展论坛，这表明我国已经开始注意到旅游地产的理论研究。从 2002 年开始关于旅游地产研究的论文数量明显增多，且研究领域正在扩大，研究深度也在加深，旅游、城市规划、经济管理、咨询策划、地理等不同专业的研究学者从不同角度对旅游地产进行研究，总结起来有以下几个方面：

一、旅游地产定义研究

旅游地产是一个新兴的产业，其归属尚不明确，而且国际上对于旅游地产也无明确定义,没有现成的可供借鉴的概念,国内学界对旅游地产尚无公认的概念,目前有以下几种定义。

沈飞[39]最早提出:以旅游度假为目的的房地产开发营销,全部或部分实现了旅游的功能,认为旅游地产的开发对象是旅游物业,这一定义后来被许多研究者引用。孙红亮[40]认为:旅游地产是以旅游度假为目的,通过整合规划设计、开发建设、专业策划、网络和酒店管理、市场营销等各个环节,把房地产业与旅游业相结合的一个全新的产业模式。胡浩[41]认为:旅游地产是指以旅游为目的、以旅游资源为卖点、以房地产开发为营销方式,房产开发全部或部分实现了旅游功能的房地产。徐翠蓉[42]认为:旅游地产应包括广义和狭义两个方面,广义上所有与旅游业结合的房地产都可以叫作旅游地产;狭义上,旅游地产是以旅游区域的景观、生态、文脉为开发契机,以优美的景观和良好的度假休闲配套设施为主要特征,以本地区以外的人群为主要销售对象的房地产项目。司成均[43]认为:旅游地产是指主要满足旅游、度假、休闲及养生等综合需求,以自然、人文资源为依托,在旅游景区及其紧密区域开发的各类分时度假酒店、产权酒店、会务中心、景区住宅、展览馆、休闲旅游和培训基地等物业的总称。

学者们对于旅游地产的定义各不相同,但本质上都强调旅游地产是一种经营性活动,且依托优越自然、人文环境,在开发上强调了旅游功能。

二、旅游地产问题及对策研究

在充分认识我国旅游地产发展现状的基础上,许多学者指出目前存在的问题,针对其开发过程中法律政策不完善、经营模式单一等相关问题进行研究,并提出了相应的对策和措施。李长坡[44]指出现在的旅游地产开发存在着景观污染、环境污染、生态破坏、缺乏文化内涵、城市化现象严重等问题,认为解决这些问题的途径是合理布局、注重项目创新、强调文化内涵、营造良好的依法建设氛围等。寇立群[45]从房地产的视角去指出房地产旅游化中出现的问题如产权问题、业主和游客的矛盾问题,并给出了相应的对策,认为住宅项目旅游化还有很长一段路要走。祝晔、黄震方[46]则提出了要制定法规,加强管理;规划先行,循序渐进;保护环境,融于自然;彰显特色,提升品位;科学配套,完善功能;产业联动,整合营销的旅游景区房地产适度开发的对策。雷正[47]提出,在宏观方面,政府部门应对这一新兴市场有一个较为理性和长远的规划;完善、制定相关的法律加以规范与引导;加快国内旅游地产交换网络系统的建设;考虑全面实施带薪休假制度。在微观方面,发掘提升,促进商业与文化的完美结合;要整合资源,寻求最佳结合模式;注重创意,适应市场发展;精心设计,追求"人本"理念;项目创新,引导消费需求。综合来看,旅游地产存在的问题集中体现在如下几个方面:法律法规不完善、没有文化内涵、缺乏规划、专业人才匮乏、消费者对于旅游地产产权的心理障碍等。只有对症下药,才能使旅游地产健康地发展。

三、旅游地产可行性和制约因素研究

沈飞[39]认为旅游地产兴起和发展的有利条件归结为政策的支持、旅游的飞速发展、基础设施的完善及市场的成熟;余艳琴、赵峰[19]对中国旅游地产发展的可行性和制约因素作了分析,从制定规划、组织建设、健全法规等方面提出了促进中国旅游地产发展的若干对策,认为主要有四个因素促进了旅游地产的发展,即政策的支持、居民收入水平的提高、通讯及网络技术的成熟、城市基础设施的改善;吴建华[48]认为相关的制度、交换体系、管理体制、融资体制等因素制约着中国的旅游地产的健康、迅速发展;陈金定[49]认为中国旅游业正从传统的观光旅游向休闲度假旅游转变,探讨旅游度假房产开发的制约因素及策略。邓仕敏[50]从市场营销的角度指出:单一的经营模式、混乱且不成熟的市场是目前制约旅游地产发展的要素。陈卫东[51]则从旅游者和旅游地的角度指出,区域旅游地产影响因素主要有旅游者的空间行为、旅游地的自然社会文化景观、旅游地的生命周期等因素。

由上述分析可以看出,经济和技术的发展促进了我国旅游地产的发展,而与之相关的一些体制的不健全、制度的不完善则成为主要的制约因素。

四、旅游地产发展的动力机制研究

陈淑云[52]对中国发展旅游地产市场的内在条件和外部的条件进行分析,指出旅游地产外部制度环境存在的必要性;沈飞[53]认为促进旅游地产发展的原因有国家政策的支持、城市基础设施和交通的改善、旅游业的快速发展、国内市场的成熟;巨鹏等[54]认为:旅游地产的发展是房地产业自身发展的内在需求,也是市场定位、自然条件、宏观政策、房地产开发商等多种因素共同作用的结果;刘艳红[55]从经济学的角度来指出:经济增长的内因和经济全球化的外因共同促进了旅游地产的发展。旅游地产的动力机制主要体现在经济、市场、政策等几个方面,它们相互影响,才能促进旅游地产业的发展。

五、旅游地产分类的研究

学者们依据不同的分类标准,旅游地产产品的分类也表现为不同的形态。

陈劲松[56]则依据旅游地产与所依托的旅游区的关系,将旅游地产分为四类:旅游区内地产、旅游区畔地产、旅游区中的第二居所、旅游观光性质的第二居所地产;邹益民[57]提出,按所有权和使用权的不同,将旅游地产分为分时度假、产权酒店、景观住宅、主题社区、房地产大盘或新城项目;胡浩[29]按照旅游功能属性和空间集聚形态,将旅游地产分为景区(点)类旅游地产和城市休闲游憩类旅游地产两大类和八个亚类:包括观光型旅游地产、度假休闲型旅游地产、娱乐型旅游地产、城市综合型旅游地产、特种型旅游地产、旅游景观型第二住所或产权式酒店、城市会展型旅游地产、城市综合住宿型旅游地产。

六、旅游地产开发模式研究

1996 年陈卫东[51]依据组织方式不同,将旅游地产开发模式分为随意型、规划型和混合型 3 种基本模式;尹李[58]提出中国目前的房地产开发模式:以提供第一居所为目的的景区住宅开发、以旅游接待为目的的自营式酒店、以旅游度假为目的的度假房地产开发、以大盘形式出现的综合性旅游地产开发;司成均[43]在尹李提出的 4 种模式的基础上增加了 3 种,即与旅游相关的写字楼、旅游小城镇、"汽车营地"模式;张雪晶[59]提出自然资源依托模式、新旧城模式、行业嫁接模式、克隆模仿模式、文化主题模式 5 种开发模式;马秋芳[60]以华侨城和西安曲江新区分别作为造景和借景者两种旅游地产开发模式做了比较研究;胡浩[21]归纳为娱乐类、接待类、观光类、景观型住宅区 4 类开发模式;刘艳[61]将其概括为旅游景点地产、旅游度假地产、旅游商务地产、旅游住宅地产四大类型;马楠[62]从开发布局结构入手将开发模式分为叠加、增长极、景区伴生、点—轴模式。

七、旅游地产开发的实例研究

近些年来,国内对旅游地产实例的研究很多。彭惜君[63]等对珠三角兴起的旅游地产进行了初步研究,分析了珠三角发展的可行性和必要性,并指出了发展过程中应注意的问题;涂菁[64]运用大量实际案例,对成都旅游地产项目开发的现状进行了梳理,进行旅游房产项目开发提供初步的理论支持和实践分析,提出开发策略;徐翠蓉[65]分析青岛市旅游地产发展的现状,提出符合青岛旅游地产发展的实际思路、营销策略、开发策略、构建支持体系等;程叙[66]分析重庆市旅游地产具备的发展条件以及发展的现状,指出在发展过程当中存在的问题,提出适合重庆市旅游地产的发展建议;周霄[67]以深圳华侨城旅游地产为例,全面分析了旅游地产投资的八大成功要素:主题定位、经营模式、开发方式、项目选址、投资时机、资金运作、风险规避、产品组合;吴其付[68]以丽江古城为个案,通过实地调查,对其旅游地产开发的过程、市场潜力以及开发带来的保护压力进行了描述与分析。

八、旅游地产市场开发前景研究

黄志斌[69]对北京、杭州及全国的旅游发展趋势进行了分析和预测,指出中国未来旅游地产发展的大趋势;吴金梅[70]研究中国旅游地产业的基本状况和未来发展趋势,认为中国旅游地产即将迎来快速发展。陶涛[71]在《2005 中国旅游地产趋势报告》中研究了旅游地产项目规划原则、项目的成功基础、开发的特殊性等,提出旅游地产的趋势;李娜[72]提出政策因素、经济发展、观念改变促使旅游房地产发展,居住职能和人口的转移对城市旅游房地产的发展产生重大影响。要加强旅游地产配套体系建设和金融体系的完善和发展、要对旅游房地产产品进行合理规划和创新、要积极形成行业自律等。刘金敏[73]分析旅游地产的特点、开发中的主要问题,对中国旅游地产未来发展态势进行展望。《中国旅游地产发展报告(2014—

2015)》[74]涉及中国旅游地产的区域特征、发展概况、开发类型、开发企业及趋势预测等方面，客观真实地反映了 2014 年度中国旅游地产的发展情况，并在此基础上对中国旅游地产未来发展走势进行了预测。

第三节　旅游地产研究状况综述

不同专业的国内外学者从不同角度对旅游地产进行研究，但是总体来看，国外研究较为成熟，国内相关的研究和开发还处于初级阶段，主要表现在以下几个方面。

一、相关的各类理论探讨较少

目前，旅游地产的研究成果还集中在起源、类型、发展模式、产业结合、发展中存在的问题、解决的对策的分析和说明上、遇到问题的实证研究等基本问题上。众多学者、从业者都是从实际案例中指出目前旅游地产存在的一些问题，提出了相关的建议和措施，在发展当中完善改进旅游地产业。这也表明了旅游地产的研究具有很强的实践性，相对的理论研究不完善、不成体系。国外对分时度假相关观念和理论研究较多，而国内应国情、观念等原因，导致这方面的接受和研究内容较少、较慢。

二、缺乏客观的定量研究

现有的大多是定性研究，直观的定性描述较多，客观的定量研究相当缺乏，使旅游地产的研究很难有重大的突破，也很难趋于理性化、合理化。因此，这就需要建立模型，对旅游地产进行定量研究，才能更全面、更真实地反映各要素的内在关系，并有助于进行理论提炼。

三、旅游地产概念的界定含糊

大多学者所给出的概念是直接从实践中提炼而成，到目前为止对于旅游地产仍未形成统一的认识，很容易导致理解和操作的错位。在相关国家政策不明朗的情况下，一些地方政府为了吸引投资往往会提供各种优惠条件，部分开发商就故意模糊概念，趁机以低价"圈地"，借旅游产业之名，破"界限"进行房地产开发。很多房地产商是先拿下一块地来做旅游项目，而实际上是借旅游开发之名进行土地储备。本次调查问卷显示，只有 15.32％的人比较了解旅游地产的概念，其中不仅普通老百姓不了解该概念，而且专家、开发商也不了解，这对旅游地产的发展是非常不利的。

第四章　国内外旅游地产的开发状况

第一节　国外开发状况

　　源于国外的"旅游地产"是从 20 世纪 30 年代开始的,在法国地中海沿岸的威尼斯、戛纳等地开发了诸多供旅游者休假的滨海度假别墅,北美、欧洲的贵族、富商、政府要员蜂拥而至,这就是世界上最早出现的"旅游地产"。一时间欧美各地的游客蜂拥而至,那时地中海成为欧洲乃至世界的休闲度假中心。20 世纪 60 年代,欧美国家经济稳定发展,中产家庭成为社会主流,旅游度假也成为时尚,但由于经济实力的制约和度假地房产价格的高昂,多数家庭没有能力购买度假别墅;部分有购买实力的度假者,由于每年对度假别墅的使用率不高,导致购买动力不大。此时,法国阿尔卑斯山地区的别墅度假村率先提出分时销售(Time share,又称 Vacation ownership),出售酒店物业的使用时间招揽客户,从此旅游地产这一形态开始在瑞士和欧洲其他国家逐渐形成[75]。

　　20 世纪 70 年代中期美国在泡沫经济的影响下,大量房地产积压和闲置,为了充分盘活这些闲置资产,美国在销售中引入"时权酒店"这一概念,取得了巨大成功,并在时权的基础上发展出了更为灵活的"假期交换系统"[76]。这使得大量的开发商纷纷进入旅游地产领域,产品模式也逐渐变得更清晰、法规也渐渐健全、配套产业迅速成熟。1999 年,全球分时度假物业销售额达到 67.2 亿美元,在世界上已经有 60 多家大型分时度假集团,形成了巨大的分时度假网络,来自 124 个国家的540 多万个家庭参与了分时度假网络,购买了度假权,4 500 个采用分时制度的度假村分布在 81 个国家。目前,全球最大的分时度假公司是国际分时度假交换公司(RCI),覆盖全球 114 个国家的 3 600 多个旅游度假村,其创办发展使得以分时度假为主的旅游地产开发成为今天西方房地产开发的主流[77]。

　　分时度假的发展过程中,出现过两件标志性事件:一是 1974 年 RCI 公司成立,标志分时度假交换系统的出现,使得度假房产权所有者可以在同等产权条件下进行交换;二是1990年迪士尼公司推出点数制,即顾客购买一定量的点数并以点数代币,可在同点数级的所有度假村内自由消费。随着点数制的出现,分时度假产品由实体向虚拟转化,度假地房产时段所有权过渡为可进行交换的房产分时度假使用权。同时,还附有专业化的旅游服务和其他专业性服务项目。分时度假具有经济性、可分拆性、可交换性等特点。分时度假权力在约定范围内的自由交换推动了分时度假迅速发展,交换各方均可从中获益:消费者可预先购买若干年内优惠时段住宿权,经营者通过提前卖出客房使用权回收资金,交换公司可收取交换费和入网费。

现代旅游和旅游地产迅猛发展,推动着分时度假交换系统、点数制的出现及发展完善,使国外的旅游地产开发被推向高潮,出现了遍布各地的产权酒店、分时度假酒店、休闲别墅、高尔夫度假村等等。伴随饭店、度假村、旅馆、主题公园等各类为旅游者提供娱乐、食宿的旅游地产遍布世界各地。亚洲各国的旅游消费需求逐渐从观光向度假转变,日本、韩国、新加坡、马来西亚、泰国、菲律宾、印度尼西亚等国家,近几年大打旅游度假牌,依托其优越的滨海资源,推出了周末度假、假日休闲、旅游度假、运动健康休闲、会议休闲等多种休闲度假类产品。随着旅游者对旅游地产及其配套设施需求的激增,大批国际金融投资机构、地产开发商、酒店投资管理机构纷纷介入到这些国家旅游地产的开发,亚洲各国的旅游经济得到了迅速的增长[78],并取得了可观的收益。

世界旅游产业竞争的日益激烈,许多国家积极通过直接投资、减税、设立旅游发展基金的形式,来调动旅游产业的积极性、主动性和创造性,从而做大做强旅游产业,推进经济平稳发展。巴西政府每年向旅游公司投入一定的资金,而且对旅游委员会批准建造的饭店免除10年的联邦税收。新加坡和泰国征收的旅游税率仅为营业收入的10%。在以色列,无论是内资还是外资,只要是投资重点旅游项目,就可获得总投资额25%的政府补贴[79]。欧盟各国进出统一免签证,并且出入手续十分简便。欧洲及东南亚国家的一般景点免费参观,收费景点实行低收费政策,吸引更多的游客,从而实现旅游产业带动其他产业发展。法国把方兴未艾的旅游业和传统的葡萄种植、酿酒结合起来,打造"葡萄酒之旅"的理念,构建集旅游、餐饮、交通为一体的现代服务业,每年吸引数以百万计的游客前往,既创造了大量的就业机会,又增加了国家的外汇收入[80]。日本为促进旅游发展特别制定了税收优惠政策,并完善了带薪休假和旅游资助政策。

第二节　国内开发状况

对于中国来说,旅游地产属于一个新鲜的产业,落后于国外约半个世纪。国内的旅游地产开发大致可分为两个阶段:第一阶段是在20世纪80年代末,为了改变旅游饭店落后于国际旅游业需求的形势,国内旅游地产开始大量引进外资、独资、合资、合作经营旅游饭店是当时的发展主要形式;第二阶段是20世纪90年代,尤其是邓小平视察南方谈话以后,中国的旅游地产进入了一个新的发展阶段。

分时度假的概念被引入了中国,萌芽首先出现在海南,由于欠缺运营经验、政策支持、管理经验等原因,市场反应平淡,没有获得成功。进入1990年代末,一方面,假期旅游需求加大,另一方面,旅游地产出现大量空置的情况,分时度假作为一种科学的解决方法,受到了房地产开发商和饭店经营者的关注,并以旅游地产的概念在业内传播开来。2001年7月和11月,在海口和杭州分别举办了"中国首届旅游房地产博览会"和"中国旅游景观房地产论坛"。随后的几年,又举办了一系列关于旅游房地产发展及分时度假发展的论坛。由此掀起了中国旅游地产发展的浪潮,旅游地产成为国内热门话题,旅游地产种类由单一的饭店发展为特色酒店、主题公园、旅游小镇、度假别墅等多元并存的态势。

一、产权酒店受青睐

2014年,中国产权酒店数量已超过1 000家,而同期分时酒店不到100家,与国外时权酒店为主、产权酒店为辅的情形截然相反[81]。发达国家大多有关于产权酒店较为完善的行业规范和法律体系,信用环境好,时权酒店发展较快,而在中国迄今没有出台相关的法规和行业规范,有产权证保护投资者权益的产权酒店项目备受投资者青睐,但是也存在一定的风险。

1. 产权分割问题

产权酒店在用地属性上为商业用地中的宾馆用地。国内相关规定,宾馆用地的产权不能按照住宿单元进行拆分,产权酒店只有一个产权,且只能整幢转让,不能分套、分间销售,所以开发商一般先按照商业或住宅用地报批,获准立项后建成产权酒店销售,然后申请"住改商",办理酒店经营的相关手续,若房管部门因项目最终用途与用地性质不符而不允许产权拆分,开发商就得承担巨大风险。

2. 税收问题

2006年,国家税务总局下发《关于酒店产权式经营业主税收问题的批复》(国税函〔2006〕478号)指出,酒店产权式经营业主在约定的时间内提供房产使用权与酒店进行合作经营,如房产产权并未归属新的经济实体,业主按照约定取得的固定收入和分红收入均应视为租金收入,根据有关税收法律、行政法规的规定,应按照"服务业—租赁业"征收营业税,按照财产租赁所得项目征收个人所得税[82]。而产权酒店经营收入已由酒店管理公司缴纳了营业税,如按"租金收入"再交营业税,则变成了双重纳税,易引发纠纷。

二、分时度假模式不完善

分时度假于20世纪90年代初引入中国,目前还处于概念主导的初始阶段。

至 2015 年,中国仅有 55 家度假村加盟 RCI 本土化度假交换公司,规模较小。前期一些试水的项目只在概念上火了一把,随着各类问题出现后,项目运营陷入困境。例如:一个中高端度假公寓在线平台途家,将社会分散的空置房和旅游地不动产信息搜集起来,提供入户管家服务和托管服务,并通过途家平台帮助业主经营或出租,把业主房产的空余时间充分利用起来,为业主提供了一条全新的理财途径,从而实现不动产的系统管理与财产收益。但是度假公寓分散在各个开发商手里,有的分散在小业主手里,光找到房源就是一个大难题。另外,度假公寓不像酒店运营那么成熟,运营和管理也是个大难题。途家不仅要找到房源,还要给这些度假公寓赋予酒店式的服务,这就要付出巨大的人力和物力。

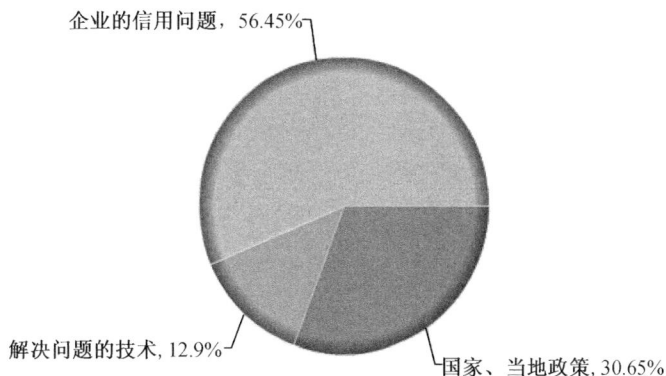

资料来源:作者绘制

图 1　对于分时度假产品人们主要担心的问题

1. 信用制度问题

信用短缺已成为制约我国分时度假发展的"瓶颈"。依据最近收到的 124 份"调查问卷",利用软件统计问卷分析关于分时度假的相关问题的结果,由图 1 可知:56.45％的被调查者对分时度假的主要担忧首先是企业的信用层面,其次是担心国家和地方相关政策的变化,最后才是具体技术层面。个别公司急功近利,介绍产品严重失真,假借"国际分时度假组织"之名,以"度假权益"等形式,精心设置骗局,诱骗投资者签订格式合同,然后携款潜逃,或者国家、当地政府部门对旅游的发展导向不断变化。这些非常不利于分时度假模式在中国的推广。

2. 法律法规制度几乎空白

我国至今还没有规范"分时度假"旅游模式的法律规范。国内几乎没有关于分时度假的法律法规,分时度假公司的经营行为得不到相关法律条款的约束和政府部门的有效监管。跨国旅游产品涉及签证等手续问题,交换公司只管酒店交换,但不处理出国旅游所涉及的邀请、护照和签证等事宜。消费者权益难得到保障,使不法分子借此进行所谓的"集资",导致欺骗性和强迫性销售问题。对于一个新型旅游产品来说,没有政府部门有效的监管引导,很容易导致水土不服甚至迈入歧途。

3. 分时度假产品价格与国内消费水平脱节

分时度假产品所能产生并发展的重要原因之一就在于可以降低费用。我国整体经济水平与发达国家存在较大的差距,我国约有 4 亿个家庭,20%的高收入也不过 800 万家庭[83]。而分时度假产品在引入我国时,许多开发商并未对消费市场做细致的分析,使得分时度假产品可以降低度假费用的基本功能,未能充分体现出来,反而使其在消费者眼中变成了奢侈品,限制了分时度假产品的发展和推广。利用软件统计问卷分析关于消费者家庭收入与旅游次数、天数的相关问题,如图 2 所示可知,随着收入的逐步增加,一年旅游 2~3 次的比例逐步增加,年收入超过 20 万元,会考虑一年旅游超过 5 次;如图 3 可知,不同总收入的家庭普遍都能接受一次 2~4 天的出游,随着收入的增加,接受一次 7 天以上的比例逐渐增加。另外,124 位被调查者中,购买过分时度假产品的只有 3 位,其他人都没购买过该产品。由此可见,我国消费者家庭收入增加直接影响旅游天数和次数的增加,也影响着旅游度假相关产品的销售,而且分时度假产品实际的销售市场并不理想,人们的接受度并不高。

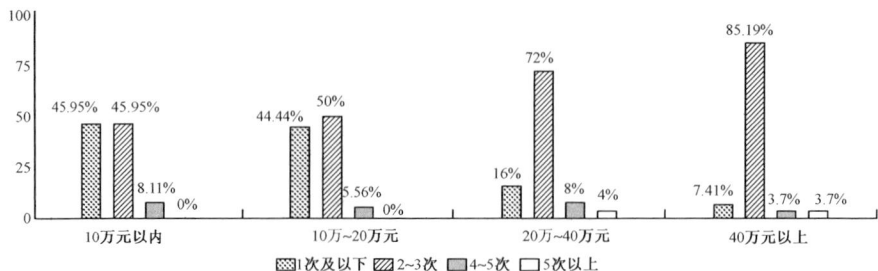

资料来源:作者绘制

图 2　消费者家庭总收入与旅游次数关系

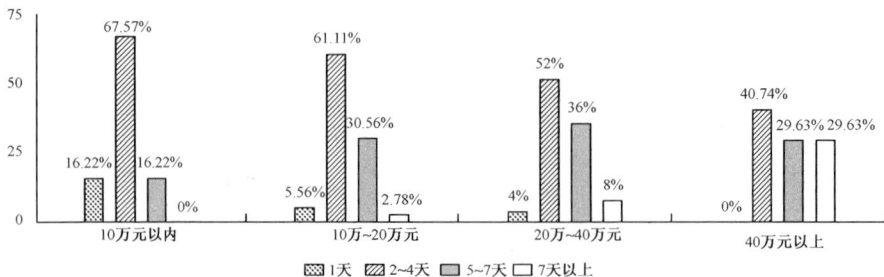

资料来源:作者绘制

图 3　消费者家庭总收入与旅游天数关系

4. 需求方对分时度假不了解

消费理念尚待培育。依据"调查问卷"的数据分析可知,在被调查人群中仅有7.32%的人自认为对分时度假比较了解,而回答不了解或者一般的人群占总被调查人数比例分别高达 59.35%、33.33%,说明分时度假概念需进行宣传和普及。这说明尚未形成具有规模、具有影响的国内分时度假交换网络,这是由于我国体制和传统文化因素导致了分时度假企业的弱、小、散。消费者接受分时度假这种消费模式需要时间。消费者购买的是住宿单元的使用权而非产权,在购买时即要支付费用,而过了较长一段时间之后才能享受消费权利,这种模式并不符合大多数中国人的消费习惯。

5. 相关制度尚未实施

分时度假产品具有可交换性包含两个层面的意思:一是空间的可交换性,可以满足消费者到不同地区旅游的需求;二是时间的可交换性,可以分散客流量,减轻旅游淡旺季差别的压力。但是我国带薪休假制度并未普遍实施,一般居民不能自由安排度假时间。对国外市场的分析可以看出,国际性的交换机会促进了分时度假业的发展,我国出境游及休假的相关规定,也妨碍了国内分时度假市场与国际市场接轨。

6. 企业管理问题

房地产公司对这种主要具有旅游性质的分时度假运营机制和产品管理尚在探索阶段,难免使服务质量受到影响。分时度假的服务期限一般长达数年到数十年,如果在此期间经营公司破产,消费者的权益将无从得到保障。

7. 人力资源问题

对于新型的分时度假产品,其开发、管理和经营涉及许多不同的领域,是一项新兴的行业。当前专业人才缺乏,素质有待提高。

此外,企业对市场消费需求的了解、市场定位以及对分时度假产品概念的理解、产品推销模式、宣传产品导向等问题的存在均影响着分时度假理念的推广宣传,使得消费者逐渐失去了对产品的兴趣。只有使用权的分时度假在中国推广多年,都未形成大气候,主要在于"不能提供家的感觉"。

三、分权度假步履艰难

重庆美尔地产开始的定位是轻资产运营,搭建第三方平台,2013 年 7 月正式推出了分权度假产品,并计划 3 年收购、建设 100 家酒店[84],但由于是新生事物,开发商并不信任,无奈之下美尔地产才选择了自购物业。而到 2013 年底,其分权度假产品已从原来的平均四五万元,上调到平均近十万元。对顾客来说,它的吸引力立刻下降。随着房地产市场下行及严厉调控,其分权度假产品的销售开始举步维艰。每况愈下的销售压力,使资金链问题开始暴露。于是,后期美尔地产不断收购房产的动作,让美尔身份发生了改变,增加了开发商的角色。在一定程度上,购买资产让美尔获得了短时间的追捧,但也让其陷入重资产的高负债之中。最终美尔地产的分权度假产品由于使用效能低,不得不回归到传统的资产效能的"返租"模式。从 2014 年开始,美尔地产推出的分权度假产品增加了美尔养生分权度假分红版,不仅拥有 10％产权保障,还有每年 12％或 14％现金红利[85]。开发商要想拿出高额回报,要么前期多收钱,要么自己贴钱,想靠后期运营收益很难支撑,最终在 2015 年下半年倒闭。

这是未充分研究分权度假产品体系和背后的逻辑,就不断吸引会员,想通过量的扩大来提升资本化的目的,美尔地产的问题也是国内试行分权度假主体企业的通病,价格虚高,如 6 万买十分之一产权,也就是说这套房子的总价要卖出 60 万元,但其实你在开发商处买这套房子只需要 6 万。分权度假除了房价本身的高溢价外,物业管理、产权纠纷、换住及入住的具体操作细节、合作项目数量及质量等等,每个细节都在考验运营公司的能力。

四、可持续发展观念薄弱

房地产公司在景区开发、经营的过程中会对环境造成破坏。旅游地产开发可能会对当地的生态环境、文化环境和历史遗迹造成负面影响,而开发商往往并未承担由于负面影响所产生的后果。旅游地产开发中产生的破坏性主要表现在生态环境恶化、人为建筑物对景观的影响、人造景观破坏意境、割断文脉等,这些问题使整个旅游地产行业遭受着严峻的考验[86]。国内有些地方政府和房地产开发商在利益的驱使下,没有进行科学的可行性分析就盲目地上项目,给社会和经济都带来了极大的负面效应,破坏了城市的风貌和风格,降低了城市的品质。还有一些旅游地产开发商在开发时往往不考虑对环境带来的破坏性和不可恢复的影响,特别是在以自然资源为主的风景区,大量开工建设所造成的对自然景观的破坏和生态环境的污染等。这就需要在项目开发的过程中强化可持续发展的观念,项目的设计开发要符合旅游地产和环境可持续发展的要求,实现经济利益与环境效益、社会效益的统一。

五、缺乏前期整体规划

旅游地产开发呈现规模大、周期长的特点,前期的策划与规划是否专业直接导致项目开发的成败。企业要不断地提高自身规划和设计水平,精心策划、科学设计、突出文化品位,注重旅游地产产品的文化含金量。同时开发企业要更好地评价项目相关的环境因素,选择最优的开发模式。

目前国内旅游地产的开发缺乏整体规划,旅游地产开发未从更大旅游地域空间考虑问题,各地各自为政,存在明显行政区旅游经济现象;旅游地产开发未进行可行性研究,项目开发随意性强,以领导主观意志主导的项目比例大,选址和规模的确定缺少依据,建设时不顾环境条件大兴土木,导致景区生态破坏,建设呈无序状态,并造成严重的环境污染;同时,开发项目缺少特色,建设重复性大,尤其是一些人文景观项目,千篇一律的盲目跟风、克隆,缺乏各自的文化特点。如今大批旅游地产开发商一拥而上,管理水平参差不齐,大多数旅游地产项目分散经营,甚至有些项目在动工前都没有项目任务书、图纸,仅是盲目跟风,根本无法形成品牌效应和可持续发展,在开发经营过程中大是开发企业多是短期行为。

第三节　旅游地产开发状况综述

一、新的发展机遇

经历长时间的发展后,国外的开发体系变得相对比较成熟,并逐步走向更高的层次和阶段,伴随着开发环境的变化,也在发生着巨大变化,但国内旅游地产的开发仍处于起步阶段。20世纪90年代初分时度假概念传入国内,分时度假酒店在海南萌芽,当时主要是为了解决房地产项目供过于求问题,是一种被迫式的发展。随着中国经济和社会的发展,特别是人民收入水平的提高,新的消费理念逐渐从住宅消费开始向舒适型转变。城市化进程的加快、汽车时代的来临也为旅游消费奠定了良好的基础。伴随着大批开发商携巨资进入旅游地产领域,旅游地产开发迎来了其发展阶段。

二、国内外开发差距较大

国外对旅游地产特别是分时度假的实例研究、实战能力、开发经验都相对前沿,而国内由于多种原因,导致观念以及发展进度和层次上都属于初级阶段,再加上相关法规和政策不完善,直接导致开发的实际过程呈现杂乱、投机取巧、无章可循、破坏环境等不规范的现象。

在华侨城由旅游向地产扩张的模式成功之后,各种所谓的"伪旅游地产"或者"仿旅游地产"就出现了,而且更多的是以纯粹的房地产开发商出现的,很显然以这种假借旅游地产开发的名义而进行"圈地"。2003年,万达和昆明滇池国家旅游度假区管理委员会签订协议,计划在5 000余亩滇池岸边打造大型旅游度假项目,规划中包括大型游乐园、湖滨高尔夫球场、旅游风情小镇、产权式度假公寓、联排别墅、独立别墅等。然而,住宅项目开发至第六期,其主题公园却迟迟未开工。最终,昆明市政府于2007年从万达手中收回闲置已久的旅游项目土地。[87]

第五章　旅游地产开发的相关理论

　　旅游地产的研究尚不成熟,需要吸取相关成熟的理论,才能构筑起学术研究的理论基础。本章借鉴体验经济理论、产业分蘗理论、居住郊区化理论和可持续发展理论等,构建旅游地产研究的理论框架。体验经济理论是旅游地产开发的核心思想,休闲时代的到来使得消费者越来越注重体验,体验经济理论指出旅游地产要根据消费者的体验需求来开发;产业分蘗理论是旅游地产形成的原因,并解释了旅游地产是通过房地产业和旅游业的分蘗而形成;居住郊区化理论是旅游地产发展的动力,城市居民居住郊区化、城界的消失,为旅游地产的发展提供了良好的动力机制,为旅游地产的消费市场提供了市场基础;可持续发展理论是旅游地产健康、持续发展的保证,其使旅游地产趋于合理、有效地开发。四大理论彼此联系、相互渗透、相互作用,对旅游地产的开发起到很强的指导作用。

第一节　基础理论

一、体验经济理论

　　人类社会的经济形态演进经历了自然经济(农业经济)、产品经济(工业经济)、服务经济和体验经济四个阶段,如图4所示。

　　在农业经济时代,土地是最重要的资本;在工业经济时代,产品是企业获得利润的主要来源,服务会使产品卖得更好;在服务经济时代,产品是企业提供服务的平台媒介,服务才是企业获得利润的主要来源;体验经济是企业由原来为消费者提供货品、制造商品的商业模式发展成为消费者提供服务,并最终与消费者进行共同体验的商业模式。

　　体验经济是服务经济的更高层次,是通过创造个性化生活及商业体验来获得利润。从农业经济到体验经济的过程,也是物品经济价值递增的过程,因为消费者发现从产品—服务—体验,才能更接近其消费欲望,也就更愿意接受更高的价

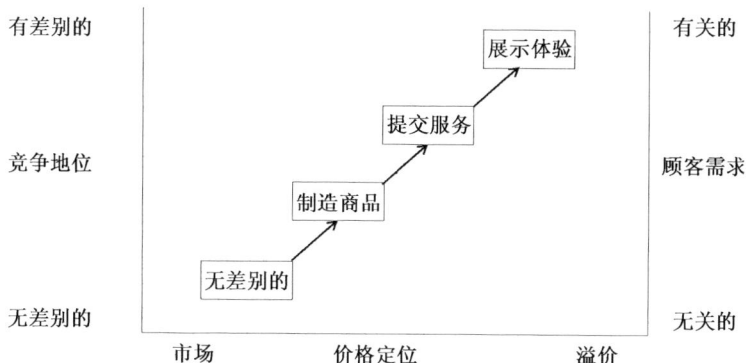

资料来源：作者绘制

图4　经济价值的递进

格。体验是使每个人以个性化的方式参与到事件中,是企业以服务为舞台,以消费者为中心,以商品为道具,创造让消费者参与其中。商品是有形的,服务是无形的,而最令人难忘的是所创造出的那种"情感共振"型体验。

服务是指由市场需求决定的一般性大批量生产。服务在为顾客定制化之后就变成了一种值得回忆的体验。体验经济的出现是经济价值自然的发展过程,消费是一个过程,消费者是这一过程的"产品",当这个过程结束时,记忆将长久保存这种"体验"。旅游地产产品应在细节上和整体上都赋予产品和服务个性化设计,给旅游者带来更多不同的体验,从而大幅度地提高自身利润水平。在体验经济中,消费者消费的也不再是实实在在的商品,而是一种感觉,一种情绪上、体力上、智力上甚至精神上的体验;企业提供的不仅是商品或服务,并提供充满了感情的体验,给顾客留下了难以忘却的愉悦记忆。体验经济具有以下基本特征:

1. 非生产性:体验是一个人达到情绪、体力、精神的某一特定水平时,他意识中产生的一种美好感觉。它本身非一种经济产出,不能完全来量化,因而也不能像其他工作那样创造出可以触摸的物品。

2. 互动性:体验是某个人身心、体智的状态与那些筹划事件之间的互动作用的结果,消费者全程参与其中。

3. 短周期性:一般规律下,农业经济的生产周期最长,一般以年为单位,工业经济的周期以月为单位,服务经济的周期是以天为单位,而体验经济是以小时、分钟为单位。

4. 烙印性:任何一次体验都会给体验者打上深刻的烙印,很多天、很多年、甚至终生都难忘。一次航海远行、一次峡谷漂流、一次极地探险、一次高空蹦极、一次乘筏冲浪,这些都会让体验者对体验的回忆超越体验本身。

5. 不可替代性:体验经济为体验的需求者带来突出的感受,这种感受是个性化的,在体验与体验之间、人与人之间有着本质的区别,没有两个人能够得到完全一样的体验经历。

6. 经济价值的高增性:一杯咖啡自己在家里冲,成本不过几元钱,但在伴随着古典轻柔音乐和名画名家装饰的鲜花咖啡店,一杯咖啡的价格可能几十元,顾客也认为物有所值。

二、产业分蘖理论

产业分蘖理论在中国最早是由曹振良等[88]提出,产业分蘖是指在产品种类多样性的前提下,个别产业自身形成若干产业的过程,它是一种新的产业演化理论。产业分蘖的过程实际上是产业树成长的过程,即一个母体产业分蘖出若干分文,每个分文可能还会分蘖出更小的分文,从而构成网状的产业树。例如,旅游地产经济活动成长为相对独立的旅游地产产业就属于这种机制,它在成长为独立的产业之前依附于房地产业和旅游业,如图5所示。随着经济的发展,人均国民收入水平的提高,在经济全球化的趋势下,休闲度假旅游将成为大众消费的必需品,从而使具有旅游度假功能的旅游地产具备了从房地产业和旅游业中分蘖出来的基本条件。

1. 经济增长从内部推动旅游地产业的形成

(1) 经济增长为旅游地产的有效需求奠定了经济基础。经济增长和人均收入水平的提高引发了需求结构的变化,从而直接导致了旅游度假消费的增加,使得旅游地产的有效需求有了一定的经济基础。改革开放以来,中国的经济以较高的速度持续增长,人均收入水平不断提高,恩格尔系数不断下降,用于衣、食和基本生活用品支出比重大幅下降,而用于住房、医疗保健、交通通信、文教娱乐等需求的支出比重逐渐上升。中国已有一定规模的高收入群体,他们收入较丰厚,经济富有,且具有较前卫的消费理念,对休闲旅游度假认可度较高,是旅游地产的主要消费对象。

(2) 经济增长为旅游地产的发展提供了强大的市场支持。经济增长和人均收入水平的提高推动了中国的休闲制度的产生,进一步引发了"假日经济",从而为旅游地产的发展提供了强有力的市场支持。20世纪90年代中期,中国开始实行周末双休制度;20世纪90年代末国务院又发布实施了新的《全国年节及纪念日放假办法》,形成了周末双休日和每年3个旅游黄金周的114天的休假体制。每年近三分之一时间的休闲制度不仅为休闲度假旅游提供了充分的时间,而且由此引发的"拉动内需"和"假日经济"正在逐步造就强大的消费群体和旅游消费市场。2007年12月7日国务院第98次常务会议通过了《职工带薪年休假条例》《全国年节及纪念日放假办法》,直接刺激了中国旅游市场的发展[89]。近几年施行的职工

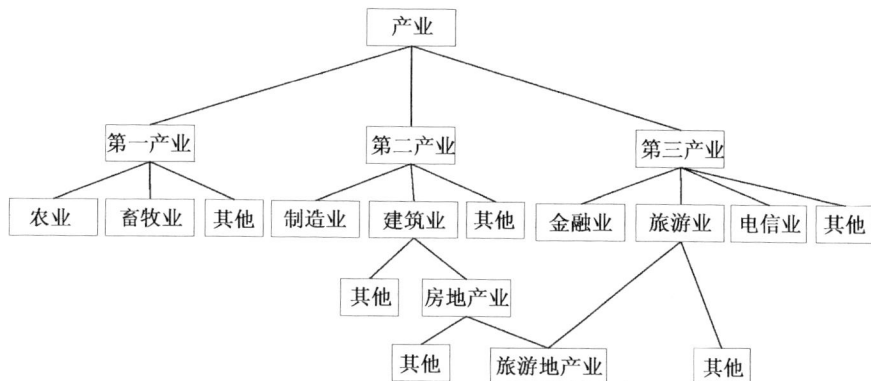

资料来源：作者绘制

图5　旅游地产业的分蘖演化过程图

带薪年休假条例在 2007 年颁布的条例基础上稍做调整。这将使以往过于集中的出游模式均衡化，有助于中国旅游产业的整体升级，旅游市场有望增容。

（3）经济增长加剧了房地产内部的竞争，推动了旅游地产的发展。经济增长和人均收入水平的提高，促进了房地产业的迅猛发展，加剧了产业内部的竞争，促使产业市场的细分化和内部产品的多样化，推动了旅游地产的发展。改革四十年来，房地产业取得了飞速发展，房地产业成为国民经济的一个重要支柱产业已日趋成熟。大量传统的房地产资金开始物色投向新的领域，推动了房地产边缘市场的发展，尤其是旅游地产近年发展迅速。北京、上海、大连、青岛、四川、湖南、海南、广东、福建、深圳等地已开工的旅游房地产项目便达到几百个，以"高尔夫、山地、滑雪、冲浪、野外运动"为主题的休闲度假住宅、别墅、酒店已近百家[90]。

2. 经济全球化从外部促进旅游地产业的发展

（1）经济全球化促进各国间的学习和交流。20 世纪 90 年代初，早已在欧美发达国家流行的分时度假观念引入中国，旅游地产的概念也随之在中国诞生。目前，这种分时度假的观念正悄然地影响着中国消费者的消费行为，推动着旅游地产的发展。

（2）经济全球化促使国际间的相互投资。20 世纪 90 年代后期，国外资本开始进入国内潜力巨大又未开发的"分时度假"市场，国外资本和成熟管理的进入是旅游地产业发展的一种助推力。

（3）经济全球化加速了国际旅游的发展。一方面，中国旅游者出境旅游在 20 世纪 90 年代后期有了长足的发展，2000 年出境旅游总人数突破 1 000 万人次，2002 年突破 1 600 万人次，2004 年突破 2 800 万人次[91]。2015 年共有 41.2 亿人次国内或出境游，相当于全国人口一年旅游近 3 次。随着出境旅游的发展，旅游地产也必须与国际接轨,使中国国民也能享受到"分时度假交换网络"的好处,逐步建设并完善国内的旅游地产交换网络;另一方面,入境旅游的外国旅游者也是旅游地产的消费群体,对旅游地产的发展也将起到一定的推动作用[92]。

三、居住郊区化理论

居住郊区化是人类进入后工业社会之后城市化发展进程中出现的重要现象,郊区化实质上是城市化的一种外延扩张,而这种扩张并非盲目的、自发的,而是有步骤的、有规划的发展潮流。居住郊区化,城市居民从城区迁往郊区,形成"城区工作,郊区居住"的新模式,使得城界逐步模糊,并走向消亡。

所谓城界消失,是指区域市场配置的界线消失,就是市场、资源的高效配置,人们的居住、工作、生活不再以城市的行政边界为界线,而是以更大范围的"区域"为考虑问题的基础,地区的土地价格走向均衡,城际交通公交化,社会成本降低,价值再次发现。城界消失是伴随城市化运动的一种过程,城市化主导了城界的消亡,这对旅游地产的发展提供了市场基础和发展空间。

城市居民从市区迁到郊区,不单是为了追求宽敞,更主要是为了追求高质量的居住环境(自然环境、人文环境与心理环境)。郊区有着得天独厚的发展旅游度假的潜在条件。郊区旅游度假村、高尔夫运动村、度假酒店、分时物业、养老酒店、产权物业等郊区旅游度假物业伴随郊区化发展逐渐成为时尚,旅游地产业也逐步发展起来。选择郊区或更远的旅游度假活动,成为现代人的新观念。旅游度假等现象下透视出的是人类生活方式的改变,形成安全的、富裕的、具有良好环境品质和良好生活品质的新生活方式,这给满足旅游度假、休闲活动、旅游商务会议等为需求目标的旅游地产提供了极为广阔的发展空间。

从房地产业的角度而言,旅游地产也是房地产开发到一定时期的产物,是在城市中心及周边用地条件较好的土地已基本开发完毕后,地产开发向远郊区发展大趋势的一种表现。而城界消失后,旅游地产面临的是更大的市场机会与空间,区域资源开发将被置于更大的范围内进行优化配置,发挥更大的价值。城界消失只是旅游地产发展的外在思路,而对于产品本身还存在着旅游与地产的内在关联和博弈。

四、可持续发展理论

1972年,联合国召开的人类历史上的第一次世界环境大会上,发表了第一个"人类环境宣言",提出了可持续发展(Sustainable Development,简称可持续发展)的思想。1995年,联合国教科文组织、世界旅游组织和联合国环境规划署等在西班牙召开"世界旅游可持续发展会议",会议通过了《旅游可持续发展行动计划》及《旅游可持续发展宪章》,成为旅游可持续发展的纲领性文件。

当前,旅游业和房地产业逐步发展成为支持中国经济发展的两个重要产业,许多城市正在加快旅游地产的开发,因而,对于旅游地产的可持续发展的研究显得尤为重要。旅游地产可持续发展应当在房地产可持续发展理论和旅游可持续发展理论的涵盖之下。

1. 旅游地产可持续发展的内涵

旅游的可持续发展是指在从事旅游开发时,应注意保持环境与文化、资源的完整性,在满足当代人旅游需求的同时,又不对后代人的旅游需求构成危害的发展。

旅游地产可持续发展要求在时间尺度上,既要满足当代人旅游和房地产开发的需要,又不能危害后代人旅游需要的能力。一个满足可持续发展理论的旅游地产项目,在空间上,既要提高旅游者的旅游质量,又要改善旅游地产业主的生活质量;既要维护本地旅游发展的持续性,又要同周边区域、全国其他城市、地区乃至全世界协调共处,实现旅游资源的分管共享。在开发范围上,既要协调旅游环境保护和房地产开发之间的矛盾,又要注重城市资源、社会、文化、经济、环境的协调发展。旅游城市可持续发展第一强调"可持续",第二强调"发展",二者缺一不可,用可持续发展的理念对旅游业进行计划和管理,应重视对旅游城市、旅游景区自然和人文环境的保护,并以最经济有效的方式加以利用。

2. 旅游地产可持续发展的要求

旅游地产的可持续发展要求旅游区域房地产的发展能够与人们的需求相一致,而不是一味地商业炒作和扩张;能够尽可能小地对生态环境造成负面影响;能够与社会的持续发展、经济发展保持协调的步伐,而不是超越或滞后发展。项目的开发规划要适应所依托的旅游城市景区的特色,适应该地区旅游居住的需求,同时又要从有利于科学发展的角度出发,维护旅游城市或旅游景区的风貌和生态环境。可持续旅游地产的设计应从生态学角度对人们的生活模式进行重新建构,维护、发展当地的生态系统。

旅游地产的开发涉及多方面的利益,能否取得合适的平衡关系到项目的实际运动情况,这就特别要强调统筹的作用。既着眼当前,又立足长远,将旅游地产的开发与风景区生态环境保护、地方的社会发展相结合,实现经济利益与环境效益、社会效益的统一。

第二节　核心理论

一、"泛地产"理论

"泛地产"是指将狭义的房地产与工业、商业、农业、旅游业、教育业、体育产业等产业融合起来,形成各种"产业房地产"。实际上人类进行工作、运动、学习等活动的场所,都和房地产息息相关,都是房地产整合的要素。所以泛地产的实质就是房地产与上述各种行业的产业嫁接,这是资源实现优化配置的过程,为房地产的发展构筑了更为宽广的平台,最后使房地产业与其他行业间的融合产生"1+1>2"的效应。

广泛应用"泛地产"概念目的是将狭义的房地产开发置于更大的空间尺度上进行更为宏观的定位、规划、设计、开发,来营造新的文化与生活方式。泛地产战略要做的就是概念地产和复合地产。

"泛地产"的实质是"跳出地产做地产",其规划设计者是想将狭义的房地产开发置于更大的空间平台上进行更为宏观的规划设计,从而营造出新的文化与生活方式。在开发时,他们往往从更为宏观的视野如旧城改造、区域开发的角度切入房地产开发,从而提炼出全新的有内涵的概念[93]。通常具有规模比较大、功能复合、形态多样、具有极强外部性和开发形式高级化的特点[94]。

目前,中国房地产界真正领悟到概念地产与泛地产精髓者并不多。泛地产是一种思维方式,泛地产的核心是创新和整合。对房地产商来说,思路决定出路——跳出地产做地产的思维模式,就是一种具有创造性的思维方式,它也直接影响着跨行业的资源整合行为。这事实上揭示了泛地产理论的基本思维特色,即提倡一种动态的、辩证的、发散的思维。大胆设想,谨慎求证,为我所用,将线性思维变为复合性思维。

二、"超旅游"规划理论

1. "超旅游"规划定义

是指在城市旅游规划过程中,不仅是以超越旅游产业发展要素本身,而且是以更为宽泛的关系到城市与区域旅游发展的要素(如城市规划、区域传统文化的保护、区域经济产业结构配置等等)为出发点,来制定出战略和计划。与泛地产的概念一样,它实际上也是"跳出旅游来做旅游"。在规划时要突破单一的旅游产业发展规划,而从经营城市的角度提出在发展区域旅游过程中的战略和计划等。

它要求改变在城市建设中那些难以适应城市旅游发展的时代需要因素和理念,要求以一个更为宏观的视角来看待城市旅游、区域旅游发展。"超旅游"规划主要从城市规划、城市形象设计、城市文化建设、城市景观设计、城市环境管理等方面进行的,是一种产业横向多视角拓展型的发展规划[95]。

"超旅游"是指超越传统旅游概念范围,突破传统旅游发展思路,超旅游发展的类型与特征是多种多样的,与常规传统旅游发展类型既有共通之处,也有很大的差异,超旅游一般是利用无形的动态的旅游资源来进行开发,这些资源经过培育是可以成为区域性的乃至国际性的,如果开发成功能够在短期内迅速带来巨大的效益,快速实现区域产业化。通过某种具有区域性或国际性赛事、节事、博览会、商贸交易会、论坛等所形成的区域产业群,带动或促进旅游发展,而不是旅游带动它们发展,反过来旅游又扩大该产业群的发展与影响,形成非常规的区域旅游经济形态。

2. 超旅游的特征

超旅游是旅游业发展到一定阶段的产物,这个时代超旅游具备的特征:

(1)选择具有区域影响力强,主题鲜明,能形成产业集群的项目

2005 年刘元晨[96]在《构造大旅游圈的理论基础及现实意义——构造辽宁中部城市大旅游圈的理性思考》一文中指出:"弗朗索瓦·佩鲁的增长极理论主要是指区域经济发展必须形成增长极,通过增长极效应的拉动,实现整体推进。"由于超旅游具有超前拉动的产业与市场特征,加之超旅游只能在区域中心城市进行,能够对周边卫星城市进行辐射,因此能够有效发挥中心城市和旅游业的复合增长极以及形成的扩散极所具有的强力支配、创新及连带效应。如北京举办奥运会不仅能够拉动京津唐地区经济的发展,而且能够对环渤海和长三角地区都有着极大的辐射作用。杭州世界休闲博览会、昆明世界园艺博览会、博鳌亚洲论坛、广州交易会、浙江义乌小商品交易基地等都是具有很强的区域性或国际性的,具有区域发展潜力,并且能够形成区域产业。这些超旅游活动经过多年的实践,证明能够给地域产业产生很大的变革甚至是根本性变革的,能够产生新的区域产业或者对区域的产业结构调整、重组起到积极作用。譬如博鳌亚洲论坛不仅大大地提高了博鳌的知名度,优化了博鳌的投资环境,促进了博鳌房地产、商贸、休闲、旅游等产业的壮大发展,而且,借助它的产业集聚效应,博鳌成为海南产业结构调整、区域旅游一体化的辐射源和核心动力源,使得博鳌在短短的几年时间里成为国际性的会议旅游集散中心和新的旅游目的地。

(2)重视无形资产,建立多元筹资机制

鲜明的主题、特色内容、特定时段、商业项目、集聚的人流气氛等都是超旅游载体可以利用的重要的无形资产。同时,由于发展超旅游需要投入高额的资金,因此需要建立的多元筹资机制,完善投资回报机制,如众多著名财团赞助北京奥运会等;指定产品专营权的转让和广告场地租赁,获得较为丰厚的收益,可为发展超旅游筹集较多的资金;改进票务分档预售、折扣优惠的方式,票务经营多样化,同时开发票务的衍生产品,如按票号抽奖赢奖、旅游或购物等;大力开发超旅游载体的标志物、吉祥物、会标以及景点的微缩模型等形式多样的旅游纪念物;围绕超旅游载体主题,吸引投入建设各种产业园、经济开发区、产业项目,以此来强化超旅游载体的市场开发功能。

(3)政府主导,市场运作,企业经营,社会参与

超旅游是在区域间才能实现的,发展超旅游必须要有强大的协调、资金支付、

有信用的组织才能完成,这个组织不是一般的企事业单位能够完成的,必须由政府层面来解决,因此,政府在发展超旅游行为中居于主导角色。从争取举办权、建设权、落实建设的各种任务、协调各部门之间关系,到建设各种基础设施和配套服务、营造良好投资环境、公共关系、宣传促销等方面,都离不开政府的主导。企业经营就是具体的项目运作由企业按照市场规律和现代企业要求进行独立经营运作,自负盈亏,独立核算。社会参与就是在政府倡导下,社会共同参与,营造一个平安、文明、向上、守法的旅游投资环境。比如海南博鳌亚洲论坛中博鳌的基础设施、项目由企业按照市场来运作,这样不仅减轻了政府的财政负担,而且真正实现发展超旅游促进区域各企业的经济发展。云南昆明世界园艺博览会结束后所有的项目全部转为企业化经营管理,将园艺博览园成功地经营为一个主题公园。

(4) 高投入高产出

超旅游由于能够短期内带来巨大的效益,迅速提高区域知名度,并容易以此形成产业集群,成为带动区域经济发展的新的经济增长极,因此,引起各级政府的高度重视。然而,它也是个大风险、高投入的产业,要举办或建设好超旅游需要配套许多回报周期长、投入高的基础设施和服务设施。诸如北京奥运会、上海世博会、博鳌亚洲论坛等,在基础设施和服务设施建设上都是倾全市乃至全省财力进行投资的,但是政府却以此契机达到了改善投资环境、争取到众多投资项目、建设了众多产业园的目的,形成新的区域经济增长极和提升区域经济。如1996年云南为了迎接世界园艺博览会就投入了200多亿元。

(5) 区域性与差异互补性明显

超旅游选择的载体必须具有明显的差异性和区域性,并且能够在区域内形成互补性。也就是说不管是超旅游所落户的区域,还是超旅游选择的主题,都要具有区域性和差异互补性。正是这种区域性与差异互补性造就了超旅游所能够形成的产业集聚效益。比如南宁东盟博览会、广州交易会、博鳌亚洲论坛等都是具有很强的区域性的。而浙江义乌小商品集散地之所以能够成为全国最大的小商品集散地,是因为它处于长三角地区,那里生产的各种小商品没有一个集中的地方进行交易,义乌正好利用这个区域差异和互补的特点,成功地建立了全国最大的小商品集散基地。

总之,超旅游是一种突破常规旅游的区域旅游产业形态,是超越旅游来带动旅游发展,跳出旅游发展旅游的新区域旅游发展思路,它既是受到该区域经济产业的带动反过来又能联动其他产业,促进该区域经济产业的发展。因此,对于超旅游的理论诠释、超旅游与常规旅游、超旅游与其他产业的关系,建立无障碍区域旅游机制等等,这些问题都有待进一步深入探讨。加大力度研究超旅游,对于突破常规旅游思维,跳出旅游论旅游,冲破旅游发展旅游,扩大旅游的外延,突破性地促进区域旅游发展。

三、产业创新理论

1. 产业创新的定义

产业创新(Industrial Innovation)迄今尚无关于产业创新的明确定义,产业创新是要把产业自身及关联产业的生产要素重新组合并引入生产体系,是对旧产业结构的创造性破坏。创新理论的奠基人奥地利经济学家熊彼特把创新比作生物遗传上的突变,任何一个时代的产业结构都是一定需求结构、技术水平和资源结构的综合反映,并在这些因素变动的影响下不断演变。对于产业创新,很多学者从不同角度进行探讨,迄今仍处于探索阶段。产业突变的动力也来源于产业演进的动力系统中,是这些力的相互作用诱发并推动了产业创新。产业创新就是通过科学整合适应市场体系的生产要素,使之在有效管理机制中形成产业竞争力并最终赢得市场效益的过程,是以技术突破为基础的新产业的产生、发展并形成产业竞争力的过程。产业创新是针对传统产业发展提出全新的发展思路,其核心是观念和思想的创新。

2. 产业创新四个层次

产业创新包括多方面内容,除了观念、思想之外,还包括产业发展的制度创新、产业发展的技术创新等。产业创新从其内在的逻辑性分析,分为循序渐进的四个层次:

(1) 技术创新

从历史上看,新产业的形成都是由技术创新所引起的,如蒸汽机的产生、电的发明、计算机的诞生都带动了一大批新兴产业的发展。技术创新是产业创新的逻辑起点。当代的技术创新不只是使个别技术领域得到发展,某一专业技术取得重大进步,常常由此开始扩散、渗透,从而使原有技术系统得到改造,导致新兴产业的出现,并带来一系列影响深远的技术变革。

(2) 产品创新

产品创新是企业成功的基础,也是产业创新的关键。只有连续不断地进行技术创新和产品创新,开发出具有广阔市场前景的新产品,才能使企业在激烈的市场竞争中始终处于主动的地位,获得较高的经济效益;才能使众多的企业进入该领域,实现产业创新。具有对原有产业较大程度替代或巨大价格性能比以及全新的使用价值的产品创新,才会吸引大批企业进入,使企业层面的产品创新转化为产业层次的产业创新,也标志着新兴产业的形成。

(3) 市场创新

企业的市场开拓能力是产业创新成功的关键环节。市场创新是采取极富创造性的方法来使人们认识和接受新产品,刺激市场需求。市场创新是一个连续不断的过程,它与技术创新、产品创新是一个互动的过程。市场创新是产业创新的关键环节。市场创新的主要内容有:一是塑造产业的竞争规则,如建立产品质量标准、建立分销渠道、确立产品的市场形象等,使企业可以遵循并在这些原则指导下发展壮大。二是开拓新的客户资源,市场容量是一个产业成长的基本环境。

(4)产业融合

产业创新向产业间转变的过程称为产业融合阶段。产业融合有两个类型:一是某些产业的创新会引导另一产业的创新,连锁式地对产业创新产生影响;二是一个产业创新会成为另一个产业创新的供给因素,表现为供给、需求的螺旋式发展效应。技术、产业的关联性的强弱是产业融合程度的决定性因素。如果某一产业的核心技术对其他产业有很强的关联性,则这一产业与其他产业融合的可能性也就较高,产业创新的空间也就较大;反之,则产业就容易衰退或被替代。

第三节 相关理论综述

旅游地产由于涉及旅游、艺术、建筑、园林、金融、管理、地理、交通、体育等多门学科,因此要想较为透彻地研究旅游地产,就应该从总体上把握这些相关学科的理论知识,是一个系统的研究过程。在研究中必须有全面的专业视角和比较科学的思想方法,从而才能从不同的角度合理地安排旅游地产项目。从旅游学的角度看,旅游地产项目的开发者必须充分把握旅游的营销、旅游规划方面的理论知识;从房地产学角度来看,旅游地产项目的开发者必须掌握房地产的营销与物业管理方面的知识;从地理学的角度来看,旅游地产项目的开发者又必须了解项目的开发活动是否合理地处理了人地关系,是否有助于区域整体的发展……这是一项长期的系统工程,要求开发者们在长期的研究与实践中对其牢牢把握,最终才能在项目中把各学科融会贯通,才能获得经济效益、社会效益和生态效益均衡地发展。

第六章　中国旅游地产发展机遇及危机

　　学者们经过十余年来的研究,从不同角度提出了细化的旅游地产模式,对旅游模式的研究重心也逐渐从偏向"房地产"这一要素开始向偏向"旅游"这一要素慢慢转变。

第一节　中国旅游地产的发展机遇分析

一、度假市场空间加大

　　工作时间的缩短和经济水平的提高,度假消费成为时尚。每年 115 天左右的假期,对传统旅游方式的不满足,使单纯观光旅游开始向度假旅游过渡,并形成了每年 24% 以上的增长幅度。根据国际通行发展惯例,度假需求从产生、发展到具备一定规模所需时间为 3～5 年。从这一方面来说,我国至少还有 3～5 年的火爆发展空间[97]。正在形成的强大的消费群体和旅游强国地位,为中国旅游地产开发提供了巨大的发展空间。中国将从亚洲旅游大国走向世界旅游强国。国家旅游局数据显示,2015 年来华旅游入境人数 1.338 亿人次,较 2014 年同比增长 4.14%。其中港澳台同胞占比 80.58%,外国游客总计为 2 598.54 万人次,占比 19.42%,来访人数占前三位的国家分别为韩国、日本和美国。其中港澳台地区入境旅游人数较 2014 年均有所上升[98],如图 6 所示。2015 年,我国旅游投资持续强劲增长,全年完成投资 10 072 亿元,同比增长 42%,增幅比去年扩大 10 个百分点,在历史上首次突破了万亿元大关。旅游业已成为促进经济增长、扩大消费供给的重要动力[99]。国家旅游局发布的数据显示,2015 年,我国国内旅游突破40 亿人次,旅游收入过 4 万亿元人民币,出境旅游 1.2 亿人次。中国国内旅游、出境旅游人次和国内旅游消费、境外旅游消费均列世界第一[100]。本次问卷调查的结果显示,国内每年旅游次数 1～3 次的占 60.48%,超过 3 次的占 8.06%;每次旅游 2～4 天的占 57.26%,超过 4 天的占 36.29%,有 48.39% 的人对旅游地产有兴趣和愿意投资,这些数据都说明现在及未来的旅游度假市场空间巨大。

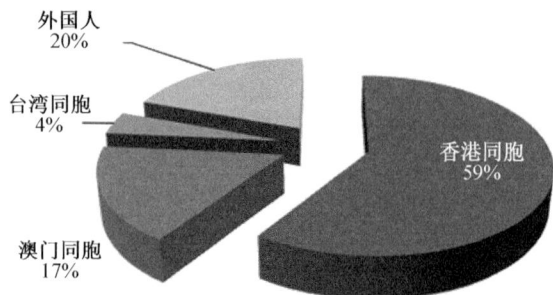

资料来源:品橙旅游.2015年来华入境游市场总览报告[EB/OL].第一资讯,2016-1-22.

图6　2015年来华入境旅游人数的外国人及港澳台同胞占比

二、旅游与房地产的嫁接日趋成熟

随着人民生活水平的提高,从1990年代初海南开始特别是社会有产阶层的形成为旅游地产消费奠定了基础,产生了第一批中国有钱阶层消费群。多种旅游产品和投资品种的完善,多重市场价值的凸显使这一产品逐渐成为市场新宠,并与旅游消费成功实现了嫁接。我国目前的宏观经济背景,类似发达国家1970年代旅游物业飞速发展的初期,供给和需求都已具备了发展旅游、休闲物业及分时度假交换系统的初步条件。

传统投资领域、生产领域已基本饱和,市场进入成长发展阶段,特别是传统房地产开发领域的机会越来越少,住宅市场成熟期已基本到来。住宅消费开始向舒适型转移,销售市场出现了萎缩的前兆,即滞涨期。大量的传统房地产资金开始物色新的领域。中国的旅游地产进入了新的发展阶段,各色山水景观地产、休闲度假房产、产权酒店等产品类型在市场蓬勃兴起。以销售为主导的投资模式逐渐失去主流市场,投资开发的重心逐渐向"销售＋经营"的投资模式过渡。由此可见,旅游假日经济持续增长的形势下,必将会吸引大量投资,其中包括具有丰富开发和营销经验的房地产商。这也为房地产商未来发展创出一条新的途径,对旅游休闲度假区的开发建设提供了良机。

三、旅游地产企业增加

到目前为止,国内已涉足旅游地产领域的公司超过百家,除了国外和港台颇具实力的公司,包括首创、海航、中信、中旅、华侨城等大型企业外,也包括珠江地产、天鸿集团、万科集团、万达集团、万通集团、青岛汇泉旅业等一大批房地产投资商、开发商及旅游企业。从1999年海南"南海传说"、三亚"博鳌国家旅游休闲度假区"的成功开发后,先后已有几十个旅游地产项目在全国进行,并取得了较大的市场反应。

旅游地产在旅游行业投资消费高速增长的背景下,得到了快速发展。与旅游地产项目数量迅速增长相对应的是旅游地产开发企业规模的迅速增长。据统计,截至2016年年底,中国旅游地产项目的开盘总数累计达到8 919个,已有5 403家企业涉足中国旅游地产的开发和投资。[101]

第二节　中国旅游地产的发展危机分析

一、模式单一,缺乏创新

我国的旅游地产经营开发方式普遍存在传统和呆板问题,一些项目单纯照搬没有创新,在经营操作上也普遍采用单一的旅游风景式,不能形成自有适合时代发展的稳定消费群体,难以形成长期成熟的整体开发模式、营销网络,不利于国内的旅游地产的发展。

二、市场混乱,缺乏规范

巨大的市场和高额的利润回报引来了各类企业的争夺。但由于旅游地产在我国尚属起步阶段,行业法规不够完善,让部分经营者有机可乘,也带来了许多不良影响。一些经营者在广告宣传资料中明示了投资回报,在购房者与酒店经营公司签订的委托合同中,许下诱人的承诺,误导消费者,甚至有一些不法之徒采用欺骗性销售、非法集资等手段牟取暴利。同时,旅游地产的相关法律法规的相对滞后影响发展,就现行法律来讲,分时度假、产权酒店等物业就是一个敏感的问题。

三、消费理念制约

旅游地产在我国主要以产权酒店形式出现。尽管这一形式在国外已运营了多年,但在我国依然是新兴事物,消费者普遍对其不了解,中国人的超前消费意识并不强,拿出多年的积蓄去购买未来十几年甚至几十年的度假用房,但最终没有房子的产权,这对于大多数中国人来说有点太超前了。而且目前国内市场上加入国际度假交换系统的分时度假产品价格普遍超出了国内一般人的支付能力,顾客想与国外进行交换度假的愿望很难实现;物业产权分散是阻碍地产项目实现旅游化的重要障碍,许多已经出售的商用物业产权分散在各类业主手中,经营项目和装修风格无法统一,使得物业不能充分吸引游人。另外,带薪休假制度在我国并未全面实行,使广大消费者对于投资旅游地产更为慎重。

四、自身"弱势"明显

现阶段在我国旅游业过分依赖于宏观经济,缺乏独立生存的能力。一旦宏观经济形式发生不利变化,旅游业将迅速萧条,而依附于旅游业的别墅、度假村将会出现惨淡景象。虽然旅游地产在快速增长的起步阶段,但是对相关产业链、对服务的要求、经营管理的水平的要求依旧很高,这都不是一朝一夕可以加速达到的。

五、理论薄弱,风险较大

尽管"旅游地产"概念早已提出一段时间,但该概念的支持理论比较薄弱:第一,旅游地产主打的"假日经济"概念,仅仅局限在"假日",时空范围很窄,同时人们休闲度假选择的自由度受到限制,度假时间过于集中容易形成"瓶颈",这样会使人们的休闲效果大打折扣。第二,旅游地产不太符合中国目前的国情,因为"旅游地产的依靠是旅游",这对于中国人来说需要大量的金钱和时间。同时与西方许多国家有所不同的是,"带薪休假制度"在国内毕竟刚刚起步,很少有中国企业一年中给予职工几天乃至一个月的带薪休假时间,大多数人外出旅游仍是依靠"十一""春节"等国家法定假日,这样无法从时间上解决旅游过于集中的问题。另外,在每个节假日都有能力出去旅游的群体也并不多。第三,旅游地产虽然也打出娱乐休闲的旗号,但涉及风险投资,这与人们享受生活的休闲行为是格格不入的。

第七章　旅游地产初期及现代的开发模式

第一节　初期的开发模式

在开发初期依据其组织方式的不同,将旅游地产开发模式分为随意型、规划型和混合型三种模式。这是国内对旅游开发模式进行的初步划分,虽然分类比较粗糙,但是突出了旅游规划在旅游地产开发中的重要性,如图7所示。

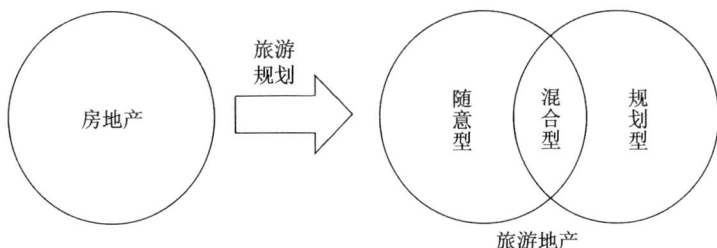

资料来源:作者绘制

图7　旅游房地产传统开发模式示意图

一、随意型

随意型旅游地产开发通常是在比其他地区资源更为优越、环境更好的旅游区中进行的开发活动,由于良好的自然条件对于旅游者有很大的吸引力,房地产开发商和旅游经营商因利益的驱动,占领有利条件,大肆兴建旅馆、别墅等设施,并进行供水、供电和通信设施的投资建设。旅游区的开发缺乏规范,开发商及经营者的开发活动呈随机无序状态;旅游区的开发过程与部分旅游者的爱好、兴趣和搬迁等现象有密切关系,具有不确定性和随意性。

随意开发是随着旅游需求的变化而进行的,旅游设施建成后利用率较高,房地产投资在短期内回报率较高,开发容易导致旅游设施、旅游景点及道路布局的混乱、旅游环境破坏严重,短暂的繁荣之后是迅速的衰弱,这将缩短旅游地的生存周期,影响其可持续发展。如昆山周庄古镇的开发,带有很大的随意性,许多外来商户为了扩大经营面积而随意改建。周庄到处是商店和小贩,仅在外观上保持了一个空壳,江南古镇的韵味早已不存在,商业化过于严重,而且由于游人过度集中,古镇也面临着十分严峻的环境问题,这些都使得景区的魅力被大大地削弱。

二、规划型

规划型旅游地产开发指在对拟开发旅游区的客源市场、资源、环境、经济发展等开发条件进行充分调查研究的基础上,结合国家、地区的旅游业相关发展规划,在充分考虑到景区的布局与结构、旅游活动的组织、旅游线路的设计、景区环境的协调和保护的基础上,系统科学地进行房地产开发。此开发方式使旅游区开发比较严谨、科学,充分保护旅游区的旅游环境和资源,可使旅游区的经济、文化、社会效益协调增长,是一种比较理想的开发方式。此种方式以马来西亚的旅游地产开发为代表。1972年,马来西亚实施旅游业重点发展战略,将全国划分为七个旅游区,并且各个区分别制定了适宜的发展计划。比如在吉隆坡—马六甲旅游区扩建剧院、公园等娱乐设施和修缮、保护古代文化及历史建筑;在关丹旅游区和哥打巴鲁—瓜拉丁旅游区增加宾馆,来改善长期客房不足的状况,最终马来西亚的旅游地产获得了成功。

三、混合型

旅游区的房地产开发是十分复杂的系统,上述两种开发方式存在着互相影响与渗透的部分,就有了旅游区房地产的混合型开发方式,即随意—规划型和规划—随意型。

1. 随意—规划型

以这种方式开发的旅游地产,首先要经历随意型的无序发展阶段。然而,随着政府旅游战略的提出,或开发过程中自身认识到开发规划的重要性,于是规划被提上日程,通过按照规划对旅游区环境及设施进行修复与开发,旅游吸引力提升,旅游功能变得完善,旅游地产开发也逐渐开始有序地发展。全国闻名的旅游胜地九寨沟就是一个典型的例子。九寨沟当年交通闭塞,贫穷落后,旅游意识薄弱,伐木毁林现象严重,九寨沟的美景遭受着摧残。但是随着旅游业在国家产业地位的提升,九寨沟经过科学的规划,建立了自然保护区,如今九寨成了童话一般的旅游胜地,在九寨建立的一些度假酒店、度假村等旅游地产也得到了持续的发展,当然开发过程中依然存在着需要解决的问题。

2. 规划—随意型

这种旅游地产前期是按照规划进行旅游地产开发。然而,由于环境、管理等条件发生变化,为了追逐利益最大化,或其他相关原因,对规划的实施产生影响,开发商逐渐抛弃了规划对旅游地产指导,随意变更规划进行建设。虽然表面上使得旅游市场变得繁荣,但这只是暂时性的。伴随而来的将是旅游设施的紊乱、资源的破坏、环境的污染、功能重复、产业衰败等一系列不可预计的损失和破坏,导致景区的吸引力下降。如20世纪60年代末巴厘岛的旅游中心区域得到世界银行的贷款,经过数十年的苦心规划经营,巴厘岛已成为景色优美、设施完善、客流旺盛的旅游区。但商业氛围日渐浓厚、地皮愈炒愈高,旅游区被迫向南、北、东延伸,然而这些区域相关的辅助设施欠缺,造成垃圾堆积成山、道路狭窄拥挤,使得巴厘岛的地域文化和旅游吸引力受到了极大影响。

第二节　现代的开发模式

一、开发时序式开发模式

1. 卖地滚动发展

在开发初期为了缓解资金压力,只能出卖相当一部分土地,以卖地收入来启动开发,度过最困难的启动期。外来资本购买这些土地以后,独立开发度假酒店、度假别墅和公寓。如佛山市南海区南国桃园旅游度假区开发初期,缺乏必要的基础设施建设资金,如同要过河却没有桥。采用该种模式后,等过了"启动期",完成必要的度假基础设施配套以后,南国桃园从当初买地者手中回购部分土地,满足后续升级发展的需要。这种模式,在资金困难的情况下,有利于度假地的快速启动发展,使旅游地产与度假地同步增长,但是回购有难度并且土地是有限的,难以持续。

2. 旅游先行带动房地产发展

旅游先行带动房地产模式不依附原有的旅游资源、旅游景区,往往先投入巨资,专注于搞大型旅游项目开发,营造具有影响力、冲击力的旅游景观景区,改善区域基础设施条件和环境质量,提升知名度,靠旅游业的关联带动作用引来人流物流,将生地变成旅游熟地和旺地,引起景区附近地产升值,再趁势搞房地产开发。这种模式的典型代表是华侨城旅游度假区。

这类房地产不依附自然旅游资源、旅游景区,先投入大量资金,搞大型旅游项目开发,营造具有影响力、冲击力的旅游景区,改善区域的基础设施和环境质量,提升知名度,靠旅游业的带动人流物流,将生地"炒"成旅游熟地,带动景区周边地价提升,再搞房地产开发。如深圳华侨城先后建成世界之窗、欢乐谷、中华民俗村、锦绣中华四个颇具特色和影响力的主题公园,创造出区域性旅游资源,将过去的荒滩野岭变成具有极高知名度和美誉度的旅游城,再以此为依托,开发高质量的旅游主题房地产。从旅游起步、优化环境、带旺地产到全面发展,是旅游与房地产良性互动的典范。从结果来看,华侨城旅游地产采取的是将旅游功能和居住功能融为一体的混合功能的概念,把住宅、旅游及相关的设施与服务整合在同一空间内,实现旅游景观开发与房地产开发高度融合,建成集度假、旅游、文化教育相关的特色商业与高档居住为一体的花园城市综合社区。

3. 房地产先行带动度假

这类开发模式的项目一般拥有优美的环境资源,企业拥有较强实力,拥有一定的知名度,企业以度假村、产权酒店以及用于分时度假的时权酒店等房地产先行带动度假地发展。如万达西双版纳国际度假区、福州贵安新天地、闽侯双龙温泉度假等项目。

万达西双版纳国际度假区包括主题公园、雨林体育公园、傣秀剧院、高端酒店群、商业中心、三甲医院、旅游新城等七个功能区。最先开工建设的是旅游新城的住宅区,住宅区已经销售完或入住了,才开始建设周边的商业、酒店、公园。这样对于快速回笼资金、减轻企业的现金压力非常有效。此类开发模式涉及企业的诚信问题,否则就构成商业欺骗行为,政府相关部门应及时进行监督。我们也看到很多地产企业圈出大片有特色、有分量的旅游用地,未形成良好的配套环境就仓促进行大规模住宅开发,结果只能是损失惨重、本末倒置,不但无力进行旅游景区的建设,连自然生态资源也被破坏了。

4. 大开发商整体操盘

以万达集团的南昌万达城为代表,位于南昌市九龙湖新区,这里生态良好,环境优美,地段独特性强,随着南昌老城区发展不断饱和,城市版图不断扩张,江西省委南昌市委提出了"东扩、西进、南延、北拓"战略意图,九龙湖片区承担了为南昌打造带动全省发展的核心增长极的职责,将着力打造集文化、旅游、行政、金融、科技为一体的城市新中心,建"生态、智慧、低碳、文化"新城。政府通过出让这块特定土地的开发经营权,引入经验丰富、实力强大、管理成熟的万达集团来整体开发运作该项目。项目采取完全的市场化手法,其投资、规划、设计、经营、建设、管理一条龙,由开发商自行统筹承担。而当地政府只要控制宏观层面政策方向,具体的市场运营是投资者的事。该项目是市场选择的结果,这种"整体打造、全面配套、政府搭台、企业参与"的城镇运营,将创造旅游地产大规模、高水准开发的范例,将取得"政府、社会、企业三赢"的效果。

二、产业功能式开发模式

1. 提供第一居所的景区住宅开发

此种开发模式多适用于旅游资源比较丰富的城市。旅游资源可以是拥有优美的自然风光,具有主题突出的人文内涵,也可以是拥有多种多样的娱乐休闲设施,其目的是依靠这些旅游资源直接提升住宅的品质,增加休闲功能,提高居民生活质量。此类开发模式基本有三种：

（1）旅游景区内或靠近现有旅游区开发

这类景区住宅开发依托周围风景区的环境，为住宅营造良好的氛围。很多城市旅游景区附近的住宅多属此类。建筑外观的颜色、建筑材料都有严格的规定，目前，很多旅游城市中景区周围的住宅都属于此类旅游地产。这类在景区开发的旅游地产项目对住宅部分的开发要求极高，建筑内外形式、色彩、高低、空间组合、面积等都要有严格的控制，必须做到住宅与景区的融合，稍有不慎就会对旅游和环境资源造成不可修复的破坏。

（2）在自建旅游景区附近开发

这类房地产先投入巨资搞大型旅游项目，营造具有影响力、冲击力的旅游区，并改善区域基础设施条件和环境，靠旅游业带动人气，将生地变成旺地，带动景区附近地产升值，趁势搞房地产开发。深圳东部华侨城是此类旅游地产的典型，开发了大峡谷生态公园、茶溪谷休闲公园、云海体育公园、大华兴寺公园、主题酒店群，创造区域性旅游资源，再开发高质量的天麓大宅，从而促进华侨城全面发展，这是旅游与房地产相互结合的典型。

（3）房地产本身作为旅游景观资源

此类开发与旅游景观开发高度融合，房地产开发即旅游景观开发，房产本身即是旅游景观表现形式。房即是景，景即是房，房中有景，景中有房。景观房产本身就是景观的有机组成部分，无论别墅、公寓均按它所在的环境氛围营造，在造型、用料、选材、装饰上都极富个性，将旅游地产开发提升到一个新境界。如宋城集团在杭州乐园开发的地中海公寓、荷兰水街私人酒店、地中海别墅、高尔夫酒店等。这对此类住宅小区本身的区位、交通、社区的安全性、医疗、购物等配套的便利度等要求相对较高。不仅要从旅游者角度考虑，而且需要从购买者需求出发进行规划，才能实现多方共赢的局面。

2. 以旅游度假为目的的度假地产

此类房地产一般建在大中城市远郊或远离大中城市的著名风景区附近，或建在旅游资源突出的旅游目的地城市，其最大的特点就是适合休闲度假。它依托现有的优秀旅游资源，投入休闲度假设施设备的建设来营造旅游度假氛围，为异地置业者提供度假休闲的第二居所。位于千岛湖的开元度假村是这类开发模式的典型代表，是开元旅业集团开发管理的五星级豪华度假村，内有一家五星级度假酒店和88幢独立别墅。此类开发模式产品又可以分为产权酒店、时权酒店、养老型酒店和时值度假型酒店几种。此模式要有良好的经济背景为依托，人们有良好的经济收入，有休闲度假的时间，这是客户来源的保障。此外，还需要有相关配套的商业区、医疗点、商务中心、通信设施等。

3. 以旅游接待为目的的商务地产

商务旅游地产是指在旅游区或其附近开发的提供旅游服务的建筑物及商业性设施,包括住宿、餐饮、交通、购物、会展旅游、娱乐等设施以及城市游憩商业区中的接待设施等。其发展必须有一定的游客基础,经济发达的大中旅游城市是首选。这类房地产的发展要做到相对集中、统一管理,需要景区统筹规划开发建设,确保其完整性和连续性。其中自营式饭店、旅游会展设施和商业游憩区内的房地产项目往往在旅游商务地产中扮演重要的角色。此类模式对经济环境的要求相对要低,而对配套设施的要求较高,如三亚亚龙湾国家旅游度假区拥有专业化的管理服务团队、装备完善的视听设备、设置完备的服务项目,同时配备有丰富的游憩休闲设施,如高尔夫球场、网球场等、游艇俱乐部、海上运动中心,另外还设置有完善的住宿宾馆、会议室、餐厅,能满足不同规模的会议要求。

4. 旅游小城镇、综合型乡村旅游地产

2005年提出新农村建设战略方针,在2013年中央一号文件中,第一次提出了要建设"美丽乡村"的奋斗目标,进一步加强农村生态建设、环境保护和综合整治工作。美丽乡村,是指中国共产党第十六届五中全会提出的建设社会主义新农村的重大历史任务时提出的"生产发展、生活宽裕、乡风文明、村容整洁、管理民主"等具体要求,大江南北涌现了许许多多的典型和模式。各种美丽乡村建设模式,代表了某一类乡村在各自的自然资源、社会经济水平、产业发展特点以及民俗文化传承等条件下建设美丽乡村的成功路径和有益启示。

其中以旅游小城镇和综合型乡村旅游最为普遍。"旅游小城镇"的开发核心不仅注重解决农村剩余劳动力的转移,同时要关注小城镇产业体系的建设和吸引力与消费力的提升。挖掘小城镇的历史文化遗产,张扬小城镇独具特色的自然风貌,扶持小城镇赖以生存发展的特色手工业、餐饮业等,带动第三产业的迅速发展,如大理古城、丽江古城、阳朔西街、凤凰古城等地。"综合型乡村旅游"美丽乡村模式主要是在适宜发展乡村旅游的地区,其特点是旅游资源丰富,住宿、餐饮、休闲娱乐设施完善齐备,交通便捷,距离中心城区一个半小时车程之内,适合休闲度假,发展乡村旅游潜力大。如南京市江宁横溪街道前石塘村、江西省婺源县江湾镇。

最好实施整个村一级开发和运营,汇聚多方智慧全方位高起点规划,借助目标房产的区位、交通等方面的优势,实现旅游酒店、农庄、度假村、商业购物设施与居住小区、产权式酒店等相结合;同时,以旅游的视角重新审视农业转型,由单纯的作物种植进入服务行业范畴,大力发展休闲农业、商贸农业,多元化经营、建立产销通道;实施村容村貌整治,以旅游配套设施的要求进行统一设计,新区的建设也应带有浓厚的乡村色彩,并引导农民经营农家乐、开展民俗活动等,促使部分农民融入旅游产业系统。

5. 以大盘形式出现的综合型旅游地产

前面的介绍的四种开发模式都属于单一模式，而以大盘形式出现的综合型旅游地产属于复合型开发模式。这类房地产项目多在旅游目的地城市，兼有第一居所和第二居所两种功能。它涉及的旅游地产开发项目包括：大型游乐园、高尔夫球场、园林酒店、马术俱乐部、旅游风情小镇、产权式度假公寓、联排别墅、独立别墅等。社区配套包括中小学、幼儿园、医院、商务中心、购物中心。例如万达长白山、西双版纳国际度假区。这类项目一般位于经济相对发达、对外联系密切的地区，对经济、社会文化环境要求相对较高。同时，这种模式下开发商要建造具有主题的产品，而用地、规划、配套等各方面与政府有紧密地联系，对政策也有很强的依赖性。

总之，无论采用何种模式，旅游地产开发都应保证项目的经济效益、社会效益、环境效益并重，在维护好旅游资源和生态环境的基础上对资源加以利用，寻求旅游与房地产的良性互动，走健康、理性的旅游地产开发之路。

三、资源利用式开发模式

1. 自然资源依托模式

自然资源依托模式是指旅游地产地处旅游资源的覆盖的范围之内或紧邻旅游资源的旅游地产开发模式，在景区发展的初期，这种模式可以增加旅游者的逗留时间，为旅游者提供基本的住宿条件，聚集人气，带来更高层次的旅游收入，可以说是旅游业发展的基础。

2. 新城旧城模式

新城旧城模式主要针对古城镇旅游资源而言，是指建立旅游地产项目以保护古城镇旅游资源为前提，开发行为不能对古镇现有的景观、文化造成破坏。目前我国主要采用三种形式：第一，另建新城，新城和旧城完全分开，如凤凰古城、平遥古城。第二，在老城内划出某些区域实行片区保护，其他片区随着经济的发展而更新，如苏州、扬州、长春。第三，保护古城中部分有历史文化价值的单体文物，而城市整体的风貌已经完全改观，如重庆、南京等。

3. 克隆模仿模式

该模式是指将和本地没有的并有强烈文化差异的建筑、景观等按照克隆模仿的方式在本地再现。实际开发理念是通过文化的碰撞来吸引旅游者的眼球，这是目前很多旅游地产开发所采用的模式。具体可以分为主题公园和以异域风格的城市或建筑为原型的旅游地产开发。迪士尼乐园、华侨城等都是这种模式的代表。

4. 行业嫁接模式

行业嫁接模式指以工业、商业、农业、会展业、娱乐业作为驱动引擎，来推动旅游业的发展,从而进一步带动旅游地产业的发展。运用这种模式可以提高该旅游城市的国际地位和扩大国际知名度,从而更有利于促进该地区旅游的发展,而该地区旅游业的繁荣也会反哺其他各行业的发展。以博彩业为代表的赌城澳门、以会展业为代表的博鳌和以农业为代表的"五朵金花",这些旅游区中开发的旅游地产都是此类模式的代表。

5. 文化主题模式

这种模式的出现问题主要在于,不同的区域经济孕育出不同的地域文化,但是在全球经济一体化的影响下,目前的旅游地产开发追逐的是"现代化"的时尚,各地区间的信息、人员、技术、物资的流动带动了文化流动,在一定程度上弱化了文化的独特性,丢掉的是"个性化"的本质,得到的却是"雷同化"的躯壳。因此,要在全球化的经济背景下提炼升华本地区的特色文化是项长期的系统的工程。在旅游建设中,文化是魂,特色文化的提炼及形成需要充足的时间文化主题模式通过对当地文化进一步提升或再创造个性化文化来带动地产的发展。建筑、街道、语言、生活习惯等,这些元素只要有特色,都可以成为旅游吸引物。兴建旅游地产项目要注意使建筑的风格符合整个地区的整体文化风格,如云南景洪旅游地产的开发应与傣族文化、佛教文化保持一致性。

四、布局结构式开发模式

旅游地产开发布局要追求成本最小化,并遵循集中与分散相结合的原则。开发选址方面一般要有良好的地形和环境、良好的旅游资源、完善的基础设施保障、旅游客流相对集中、最低的区位成本几个条件,在这些要素的综合影响下形成了叠加模式、景区伴生模式、增长极模式、点轴模式四大类,具体形态如图8所示。

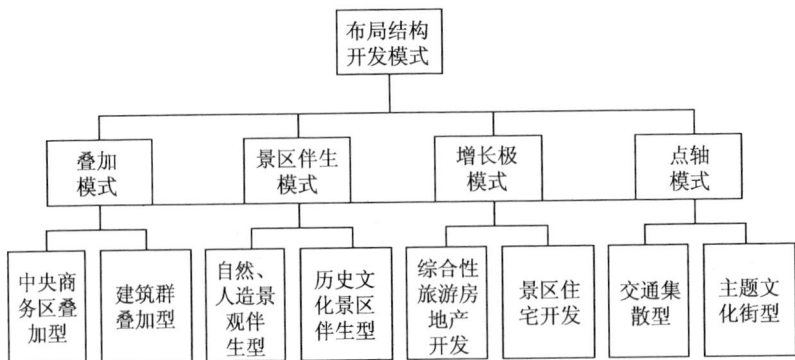

资料来源:作者绘制

图8 布局结构开发模式形态图

1. 叠加模式

（1）中央商务区叠加型

中央商务区（Central Business District，简称 CBD）是指一个国家或大城市里主要商业活动进行的地区。在 1923 年美国的 CBD 是指"商业汇聚之处"，后来 CBD 的内容不断丰富，是指一个城市、一个区域乃至一个国家的经济发展功能核心，是一个城市现代化的象征与标志，是城市经济、科技、文化的密集区。CBD 集中了大量的金融、文化、商贸、服务、商务办公、酒店、公寓等设施；具有最完善的交通、通信等现代化的基础设施和良好环境；拥有大量的公司、金融机构、企业财团。随着城市旅游不断发展与城市功能配套的提升，诸多 CBD 都已成为闻名全球的休憩观光区，并在其周边出现了很多酒店、休闲中心、展览中心，如：上海陆家嘴、香港中环、纽约曼哈顿、东京银座等等。

（2）建筑群叠加型

旅游者感受一个城市最直接的方式就是感受城市的建筑，可以说，建筑是构筑城市形象的一个重要的因素。建筑群叠加型主要是指：城市的标志性建筑吸引了大批旅游者，使该区域的餐饮、娱乐产业得以发展，从而吸引更多的人向该区域集聚，随着旅游的继续发展，地价上涨，餐饮、娱乐、休闲业开始向周围扩散，形成颇具规模的游憩大区。有在建筑群内部配套游憩设施类旅游地产，也有分布在办公楼、酒店、交通枢纽中心、康体设施、快餐美食店、周边的休闲区等旅游地产。如厦门的鼓浪屿、广州的沙面公园，就因为其特色风情的建筑群而闻名，成为重要的旅游景区，并依托旺盛的旅游人气，在周边又开发了一些旅游度假村、假日酒店等，带动了当地娱乐、休闲、康体类等旅游地产的发展。

2. 景区伴生模式

景区是旅游业的核心吸引物，是旅游得以发展的基础，也是旅游地产的一种，可分为：自然、人造景区伴生型和历史文化景区伴生型。

（1）自然、人造景区伴生型

围绕主题乐园、城市公园、滨水景区、高尔夫、登山、滑雪场地开发的景观型社区。这类社区一般面向城市的高收入人群，有各种日常服务设施和游憩休闲设施，因主要是面向度假者，会在游览地及周边建设度假酒店、别墅。

（2）历史文化景区伴生型

文化是旅游的灵魂，有些景区存在着厚重的历史文化遗存，这些历史文化遗存往往具有强烈的吸引力。随着景区的发展，在其周围产生了一些以餐饮、娱乐、住宿、购物为目的的旅游地产，如上海城隍庙、南京夫子庙都是以这种模式在发展，通过对历史文化遗存的整修和提升，这些地方逐渐成为有名的历史文化商业景区。

3. 增长极模式

法国经济学家弗朗索瓦·佩鲁认为:经济的增长并非出现在所有地方,而是以不同强度首先出现在一些增长点或增长极上,增长点或增长极是通过不同的渠道向外扩散,对整个经济产生不同的影响。法国的另一位经济学家布代维尔主张,通过最有效地规划配置增长极并推进工业机制来促进区域经济的发展。

增长极主要通过极化效应和扩散效应来影响区域经济。极化效应是指一个地区只要经济发展达到一定水平,越过起飞阶段后,就会具有自我发展的能力,不断地积累有利因素,为进一步发展创造有利条件。在市场机制的自发作用下,发达地区越富,而落后地区越穷,造成两极分化。迅速增长的推动性产业吸引或拉动其他经济活动,并不断趋向增长极,扩散效应是指将人、物、财、信息等自然、社会、精神的因素,高度凝聚激发出更高的能量后,强烈地扩散出去,发生了能量辐射效益,并使自己在空间上得以不断扩大成为大城市、特大城市、城市群乃至城市带。在增长极模式下有综合型旅游地产开发和景区住宅开发两种形态。

(1) 综合型旅游地产开发

这种开发模式主要指依托景点,在旅游区内部及其周围建造集旅游、娱乐、餐饮、购物、会展于一体的大型综合房地产。这种开发模式侧重于强调人和自然的交流、人文关怀,在设计时强化了游客的参与性与互动性。通过极化效应吸引周边的物资、信息、能量、科技等要素向该区域集聚,但随着辐射带动作用的增加,区域周边的土地升值,人气提升,最终会带动周边地区旅游地产的发展。成都的国色天香乐园就属于这种开发模式,该项目依托乐园的建设带动了周围的餐饮、娱乐、游憩发展,凝聚了人气,并在附近兴建了景观房产,获得了巨大成功。

(2) 景区住宅开发

这种开发模式主要指开发商利用旅游度假区优越的自然条件及区位、优美的自然景观、主题突出的人文景观或完备的休闲娱乐,开发具有投资回报和多种功能的住宅项目:别墅、海景住宅、民俗度假村等,强调休闲游憩功能。深圳的大梅沙环梅路的云顶天海、海语东园、优品艺墅等是采用这种开发模式的典型例子。开发商一直坚持造房先造景,最好的房子应该有最好的环境,所以在建设之初,就投入了巨资来营造大梅沙海滨公园,继而靠旅游业带动人流物流,提升旅游区附近地产的价值,再趁势搞房地产开发,这种开发模式得到了诸多学者好评。由于能迅速收回成本,投资回报率比较高,也属于增长极模式的一种。

4. 点轴模式

点轴模式在增长极数量增多的情况下,增长极之间出现了相互连接的交通线,两个增长极及其中间的交通线都具有高于增长极的功能,称为发展轴。发展轴实质是增长极模式的扩展,具有增长极的所有特点,且比增长极的作用范围更大。点轴开发是在经济发展过程中进行空间线性推进,是增长极理论聚点突破与梯度转移理论线性推进的结合。点轴模式可分为主题文化街型和交通集散型两种形态。

(1)主题文化街型

随着消费结构的变化,人们也开始注重体验性消费。由此,具有独特文化韵味的特色街道按照综合功能集聚。当商业发展到一定程度时,主干街道的商业"外溢",支路也得到发展,"一藤多瓜"的点轴模式旅游地产便形成了。此种开发模式比较典型的是武汉万达汉街,利用汉街的"品牌效应",发挥其辐射带动功能,整合步行街周边电影乐园、东湖码头、儿童乐园、万达广场、汉秀剧场、瑞华酒店等旅游资源,使步行街与附近景区连成一体,打造成武汉的城市名片,该区域目前已经发展成典型的集娱乐、购物、餐饮、休闲等多重功能于一体的线状旅游地产街区。

(2)交通集散型

与住宿、饮食、景点及其他服务消费相比,人们往往将交通列为选择旅游目的地的首要因素。旅游交通是游客到旅游目的地完成旅游的必备条件,在旅游业中具有极其重要的地位。旅游交通的质量与水平直接影响到人们出行的频率以及目的地选择。旅游交通设施大大地改善了旅游区的可达性和机动性,从而增加了旅游区的旅游发展机会。沿着旅游交通节点和线路发展起来许多旅游地产项目,以京沪高速铁路为例,通车后,游走于京沪之间就宛如穿行于同一座城市。对于上海居民而言,逛王府井就和逛陆家嘴、外滩一样方便。随着高速铁路发展,沿线城市的旅游交流将更加频繁,沿线各地旅游地产需求的增强和价值的增加,周边将出现更多高品质的旅游地产。

第三节　现代开发模式运用过程中出现的主要问题

由于传统开发模式的分类方法比较粗放,仅仅以是否融入旅游规划作为开发模式划分的标准,在这里就不深入讨论,重点阐述的是现代的几种开发模式,因各个开发企业以及当时的社会环境情况不同,采用现代模式或多或少会出现无法预期的问题。当然我们不能因噎废食,不能因为这种模式出现了问题,就完全否定,毕竟每种模式的运用都有其不同的原因和背景。

一、开发时序式开发模式出现的问题

1.卖地滚动发展出现问题的概率较大

将"生地催熟"的做法,可能造成过度城镇化,与高品度假环境不相符,导致度假环境的退化。随着度假区的完善、土地的升值，回购原来切块零卖的土地难度越来越大；最初引入的开发商鱼龙混杂，开发的旅游地产质量也良莠不齐，规划控制与协调难度变大，进一步提升整体品质难度极大。随着无地可卖，度假地的维护管理资金将变为无米之炊，品牌与公共环境的维护将难以为继。从发展的角度来看，这种策略是一时之计，出现问题的概率较大。

2. 不恰当的旅游先行并不能带动房地产发展

由于影响旅游地产发展的原因有很多种，若地理选择不恰当、产品定位不准确、旅游经营策略出现偏差、旅游大环境远没有形成等，旅游地产项目先行基本发展不起来，也无法带动周边房地产发展。此类项目的前期研究、定位、营销的要求非常高，而且旅游区的建设周期长、维护费用极高、初期的资金压力很大。不少开发商学习华侨城的做法，但实际操作中都失败了，如北京神州之旅开发的"天工部落"，位于内蒙古呼伦贝尔根河市的敖鲁古雅乡，是大兴安岭的腹地，地理位置太偏远，交通极其不方便，一切基础设施建设均为零，而且当地夏季只有三个月时间，诸多因素导致旅游无法带动地产发展。

3. 有些项目房地产先行，旅游度假却未行

有些旅游地产商在营销过程中，通常会大肆宣传旅游区有各种旅游项目，然旅游项目地被圈后，一般先把周边住宅建设了，而旅游项目迟迟未动工，带来不良后果，信誉不存，结果是房产没卖出，旅游项目也没建，环境被破坏了，资金链也断裂。以广东省佛山市南海区西岸旅游度假区为代表，西岸旅游度假区地处珠三角边缘，开发以前，称得上山清水秀、环境优美、"天然未琢的一方璞玉"。但在急切的发展愿望导向下，西岸度假区的发展思路过于草率，基础设施未建好，就仓促建设大规模房地产，结果损失惨重。由于位置、交通条件的先天不足，当年曾风光一时，如今却已债台高筑、举步维艰。找准方向、改变思维、明确方针、回归旅游的本位，乃是当务之急。

4. 不正确的整体操盘后果恶劣

这种操作模式需要开发商及政府有全局整体规划和控制力，否则会产生不少问题：比如大量基础设施建设被浪费，被圈的大片土地暂停开发，破坏原有的生态环境；没有对当地经济发展带来推动作用，很多房子并不是当地人购买，卖出后都空关；旅游季节性过强，淡季旅游区几乎无人，商业未带动起来、酒店年平均入住率极低等问题。例如自2006年海阳获得第三届亚沙会举办权后，海阳市便开始了大规模的"造城"运动，大批养虾大棚所在的荒滩等被征用。聚集着来自北京、天津、济南、青岛、淄博、上海等地的地产投资商，宝龙地产、碧桂园、山东高速等入驻海阳，还计划"3年时间建设一座新城"。然而2012年亚沙会后，沿亚沙城海景路、滨海中路等主要道路行驶，两旁到处是建设工地及林立的高楼，但主干道路上

很难见到行人与车辆,售楼处也是门可罗雀,海景房、酒店人迹罕至,新城晚上漆黑一片,当时有媒体将海阳市描述为"山东半岛最大的鬼城"[102]。

二、产业功能式开发模式出现的问题

1. 部分景区房产破坏环境严重

景区开发模式要求景区与住宅的高度融合,然而实施起来很难:一方面开发商及政府部门对于住宅与景区的关系也不明确,在景区内、靠近景区、在自建景区内外、住区景观化的模式产生的效果、经济价值都未做综合评判,盲目批地或错误判读;另一方面设计方对此类项目对景区环境的敏感性判断不足,设计能力有限,结果导致不可修复性地破坏了旅游环境资源。例如浙江省淳安千岛湖的诸多岛屿、山林及周边的房产开发,很多未考虑旅游资源的生态因素、环境因素,只考虑经济效益而盲目建设所谓的景观房。

2. 异地旅游度假地产闲置现象严重

旅游度假主要为异地置业者提供第二居所度假休闲,前期因地理位置优越、环境优美置业者一年来几次,随着时间推移逐渐少来、不来,甚至购买后就空关,这种现象屡屡皆是。如今产权酒店、时权酒店的体系不完善,而且置业者对分时、分权的运营模式的不熟悉、不认可,因此国内很多度假酒店和楼盘虽售皆空,例如上文提到的海阳市滨海诸多度假楼盘多年无人居住。

3. 部分商务旅游地产造成资源浪费

商务旅游地产对住宿、购物、餐饮、娱乐环境要求很高,交通及相关配套服务设施建设必须完善,会展活动的开展要很成功,最好是经济相对发达的大中型旅游城市。然而我们很多项目选址错误、商业环境不完善、周边配套设施、无策展经验和能力等多重原因,结果导致相关地产开发了,会展活动未成功,会展经济无法形成,酒店、餐饮、购物等产业未如愿发展起来,并且会议、会展、节事活动的短期性和季节性,不持续的发展很可能导致商家撤离、酒店及住区无人入住,这样不但未能拉动当地经济发展,而且造成各类资源的浪费。

4. 很多新的旅游小镇、乡村旅游项目导入产业难

旅游小镇的开发项目很多基于原有良好的村落基础上进行开发,较为成功的如宏村、西递、乌镇、同里、甪直等,然而很多假的古村落建设也纷纷出现,既没有历史沉淀,也没有统一的规划开发,大面积建设住宅,这样必然无法成功。另外,一批美丽乡村项目在原有产业基础上,成功地引导现代乡村产业,如浙江的安吉、桐庐、滕头等。很多村落未进行真正的产业研究,盲目导入没有基础的产业或相邻村落盲目进行相同产业发展,形成无特色的片区恶性竞争,也导致村落资源浪费后的逐渐衰败;还有一批村庄、城镇基础条件、产业状况较差,没有经济实力改造,仅是采用表面形式化的形象改造,无产业导入、未采用真正的盈利模式,就大

规模搬迁改造,结果浪费有限的财力、人力,加速村镇的衰亡。

5. 现今复合型旅游大盘风险大

这种复合型开发模式要求开发商与整个城市的发展定位相统一,与政府保持密切的关系,对政策的依赖性太强,风险也大。若政府发展方向变化、决策者变化、政府与开发商利益发生冲突等都直接影响到该区域的发展。需要有完善的整体规划、开发、运营等经验,而国内具有此类成功经验的开发商较少,稍有不慎全盘皆输。另外,由于前十年中国城市化进程过快,造成很多存量和资源浪费,如今大面积的新城开发项目基本成为过去。该类项目的资金压力很大,需要实力雄厚的开发商才能长期持续建设,而很多开发商为了拿地,前期虚报可投入项目的财力,圈地后,却无法撑起这样的开发量和实现政府的发展目标,要不暂停、要不卖地、退地,造成支离破碎的发展状况。这样不仅破坏了城市发展初衷,也浪费了巨大的社会资源,破坏了生态环境,政府、人民、开发商都无法获益。

三、资源利用式开发模式出现的问题

1. 自然资源依托的开发量和收益有限

这种模式受季节或节假日影响严重,虽然目前已经出现的分时度假经营方式可以有效地缓解这种状况,但我国是唯一没有实质性加入全球分时度假的大国,在一定程度上制约了这种模式的发展。由于这种开发模式通常容积率较低,开发成本高,获得土地也比较困难。

2. 新城旧城质量参差不齐

我国的古城镇数量有近千个,旅游环境质量参差不齐,其中比较适合发展旅游地产的古城镇更少,新城变成假古董的也很多,投资大、收益少,这样就导致部分新城旧城失去了其开发的基础。

3. 克隆模仿易使产品提前衰退

由于目前采用此种模式的开发商比较多,大量克隆导致产品的差异性减弱,许多项目千篇一律,顾客没有兴趣,容易使该类产品提前进入衰退期。

4. 无知名度的行业嫁接客源少

该模式对嫁接的行业在国际上的知名度要求很高。如果没有良好的知名度,项目客源市场得不到保证,以会展业、娱乐业等行业为依托的开发旅游地产项目就难以生存。

5. 文化主题短期内难以形成氛围

特色文化的提炼及形成需要充足的时间,不同的区域经济孕育出不同的地域文化,但在全球经济一体化的影响下,各地区间的人员、物资、技术、信息的流动带动文化流动,在一定程度上弱化了当地文化的独特性。因此,在全球化经济背景下提炼并升华本地区的特色文化是项长期的系统工程。

四、布局结构式开发模式出现的问题

1. CBD 叠加项目容积率高、舒适度低

CBD 叠加开发模式和建筑群叠加开发模式都存在着严重的问题,即开发项目所在地一般处在城市建筑比较密集的地段,其开发必须与城市发展规划相统一,土地的获得将是个难题,并且容积率很高,业主会感觉居住环境不舒适,这与旅游地产的休闲度假功能在本质上是有冲突的,开发商并不一定会盈利,而是冒很大的风险。

2. 景区伴生模式割裂景区文脉现象严重

这种开发模式在实施中需与景区发展相协调,有些开发商在开发时为了使旅游者取得良好的观景点,而忽视了项目本身也会成为其他观景点的观景效果,随意开辟景点,新建了许多难以与原有的老建筑融合的新房地产项目,割裂了景区的文脉,极大地影响了景区的景观效果和未来发展。比如泰山脚下兴建的豪华宾馆,就受到了很多业内学者的批评。

3. 增长极模式和点轴模式易造成两极分化

因为后者是前者的升级模式,所以二者在开发过程中暴露的问题基本是一致的:由于坚持造房先造景,开发成本会比较高,对开发商的要求也会比较严格;这种模式很容易引起区域发展的两极分化现象,虽然后期的扩散效应会减弱这种两极分化,但扩散效应需要在极化效应的基础上发挥作用,这是一个长期的过程,而在那之前,各种发展可能都有,各方面的矛盾会上升,不利于旅游地产的协调发展与市场的稳定。

第八章　模式创新的定性分析

第一节　创新模式产生的背景

一、前阶段开发暴露的多重问题

目前我国地产开发已进入缓慢、低收益时代,前一阶段开发商大量引进国内外的规划设计和建筑风格,到处都是各式的"欧风美雨",造成地产开发项目的雷同化。同时,我国现有的开发模式或多或少都暴露出这样那样的问题。问题主要集中在这样几个方面:开发成本高、对生态环境破坏严重、土地获得比较困难、造成景区景观污染严重、对开发商准入条件严苛。

二、现有部分发展模式与旅游发展不匹配

奥运会和世博会的相继承办把全世界的目光吸引到了中国,而中国也提出了一系列政策来促进旅游的发展,比如一带一路、自贸区的建立。这些因素不仅刺激了旅游的发展,也刺激了旅游地产业的发展。在这样的背景下,如何提出一种更为科学、与现有模式比较起来更具有优势的创新开发模式,是现阶段要重点考虑的一个问题。

三、互联网发展改变着各产业

互联网以网络的开放性、技术的渗透性、信息传播的交互性,与人类生活、生产紧密相连,并广泛渗透到政治、经济、社会、军事、科技、文化、教育等各个领域,成为现代社会生产的新工具、经济贸易合作的新载体、社会公共服务的新平台、大众文化传播的新途径、科学技术创新的新手段、人文生活娱乐的新空间。互联网强势增长的力量正在释放,展望 20 年后,谁也不敢预言互联网会发展到什么程度。但大家都知道,因为有互联网的存在,正在而且还将继续改变社会。"互联网+""+互联网"的风潮早已吹到了房地产行业,房企与互联网企业的联手,之前大多都是营销方式的一种探索,实际成效还有待检验,如今需要有更全面、更融合的

精神来促进互联网及其他产业与旅游地产的合作发展。

四、当前旅游模式的转换

当我国的旅游解决了时间、收入和汽车这三个问题后，一般意义上的观光旅游已经开始向商务型、度假型的方向转化。近年来国内旅游经济获得了长足的发展，当前旅游市场的发展不仅有表象上"量"的增长，更蕴藏着"质"的提升，而集中体现这一"质变"的是旅游消费模式的转换，由以景点观赏为目的传统观光旅游向以休闲消费、时间消费与度假居住为目的的休闲旅游、度假旅游模式的转换。人们需要的不仅是对旅游景点的观赏，更强调旅游全过程的舒适度与质量，尤其是远离城市的景区短期或定期居住，更成为未来旅游发展的时尚。正是这样一种转变，使当前以新型旅游消费空间营造为目的的旅游房产开发如火如荼，这也是未来旅游地产开发与服务的方向。

五、开发的软件配套需求提升

除了硬件的建设以外，如果没有软件的建设，很难把普通的地产变成旅游地产。旅游地产的转换过程是要有人替你去管理，有人替你去实行租售服务。拥有最优秀的酒店管理公司或者物业管理条件的地区，才有可能逐渐形成旅游地产，因为它要有一个巨大的网络来实施。而一个开发商不可能在某一个地区盖一小块作为一个旅游地产，假如没有一个庞大网络或者软件配套，很难实现分权、分时度假，所以配套、服务系统和硬件是不能分离的。旅游地产常常要把旅游项目经营得很好，同时又要把旅游地产配套服务经营得很好，两者结合起来才能使旅游地产发挥出旅游的作用。

六、"双高"阶层的投资及消费需求

因为旅游房产通常具有"投资＋自用"的两重功能，投资者不仅可以在投资中获得保值增值收益，更可以通过投资长期享受物业带来的空间享受和消费功能。这样的旅游房产通常会吸引一些"高收入"、追求"高品质"生活的人群前来消费与投资。这是近年来旅游地产发展的一个重要特征。根据这一特征，开发商可以采取相关的营销措施满足这部分消费者与投资者的需求。如委托经营与定期免费自用的营销策略，即房产售出之后，每年提供一定期限的居住期限，具体入住时间可以由业主自由选择，此外的时间将由酒店营运商接受委托实施统一经营管理对外经营，并向业主提供固定比例的收益回报。这样一种模式不仅满足了"双高"阶层休闲度假的愿望，同时也免去了他们在不使用物业时打理、租赁的麻烦，是今后此类旅游地产物业的经营方向。

第二节　创新模式的分类及状况

中国旅游地产已经起步，并且发展呈快速增长态势，作为旅游业和房地产业两大高度关联产业结合发展的产物,旅游地产成为国民经济新的增长点。伴随着人们生活水平的提升,休闲度假的生活方式已经逐步为世人所接受,这为旅游地产快速发展提供了消费前提,保证旅游地产在中国的发展和成熟。随着时代发展,与时俱进地出现了新的端倪,结合以前的开发模式和未来的发展趋势,概括为以下几种模式。

一、新需求模式

1. 旅游地产＋大健康模式

1) 概念及发展背景

所谓大健康地产是建立在大健康基础之上的,为大健康服务的地产项目。大健康的范围包括以下方面:养生、养老、康复、医疗。健康与旅游度假的加速融合,已成为现代服务业的新亮点、全球经济发展新的经济增长点。全球医疗旅游产业未来年增速保持 15%～25% 的高增长率,2017 年的市场份额约达到 7 000 亿美元。整体上以健康养生为目的的旅游者比普通游客多花费 130%,收入效应远远大于传统的旅游产业及医疗产业。大健康产业是与人类健康紧密相关的生产和服务领域的产业,被视为 21 世纪引领经济发展和社会进步的"黄金产业""希望产业""朝阳产业""绿色产业"。

随着中国经济的持续高速发展,健康、养生、养老等问题也逐渐成为人们除收入水平以外最为关注的问题。在发达国家,旅游养老是司空见惯的事情。日本甚至在海外很多国家建立了养老基地,在基地内部打造日本人所熟悉的生活环境,给本国老人旅游养老之用。在我国,旅游养老也不是全新的词汇,做养老旅游地产比单纯做养老地产或旅游地产的难度更大,面临的困难更多。很多项目尽管有优质自然资源做背景,却连最基本的交通、医疗等基础配套都无法保证,结果就是空有健康旅游之名,却行郊区大盘之实,根本无法满足养生、养老居住的基本需求。未来,养生功能将逐渐强化和发展,养生将成为旅游的重要目的,养生旅游市场将得到深化发展,并引进国外的高科技医疗服务项目。

2) 分类

目前,我国大型房企大多已介入大健康地产领域,早在 2010 年 12 月,万科宣布进入老龄化养生住宅开发运营领域。此外,首创、保利、华润等地产公司先后专门成立养生养老产业研究团队。泰康人寿、中国人寿等保险企业也启动养生养老产业项目[103]。大健康旅游产业根据旅游者、居民的消费需求,将健康疗养、医疗美容、生态旅游、文化体验、休闲度假、体育运动、健康产品等业态聚合起来,实现与健康相关的大量消费的聚集,如图 9 所示。

生态养生主要是依托项目地良好的气候及生态环境,构建生态体验、度假养生、温泉水疗养生、湖泊养生、矿物质养生、森林养生、高山避暑养生、海岛避寒养

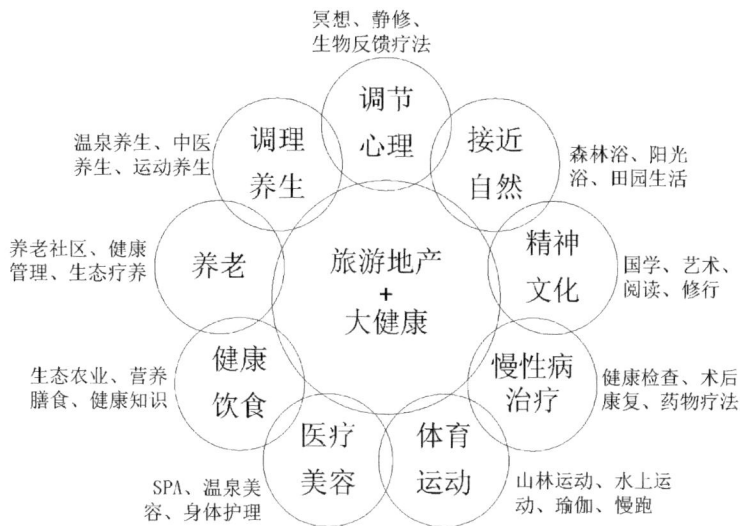

冥想、静修、
生物反馈疗法

调节
心理

接近
自然

森林浴、阳光
浴、田园生活

温泉养生、中医
养生、运动养生

调理
养生

养老社区、健康
管理、生态疗养

养老

旅游地产
＋
大健康

精神
文化

国学、艺术、
阅读、修行

慢性病
治疗

健康检查、术后
康复、药物疗法

生态农业、营养
膳食、健康知识

健康
饮食

医疗
美容

体育
运动

SPA、温泉美
容、身体护理

山林运动、水上运
动、瑜伽、慢跑

资料来源：作者绘制

图 9　大健康旅游地产产品的主要类型

生、田园养生等业态,打造休闲农庄、养生度假区、温泉度假区、生态酒店、养生谷、民宿等产品,形成生态养生健康产业体系。

养老产业将医疗、气候、生态、康复、休闲等多种元素融入养老产业,发展康复疗养、旅居养老、休闲度假型"候鸟"养老、老年体育、老年教育、老年文化活动等业态,打造集养老居住、养老配套、养老服务为一体的养老度假基地等综合开发项目,带动护理、餐饮、医药、老年用品、金融、旅游、教育等多产业的共同发展。目前我国的养老旅游地产尚处于起步阶段。

严格地说,大健康地产本身尚未找到成熟的开发和运营模式,仍在探讨和摸索中前行,就激进地开始健康旅游地产了。如果对市场中健康旅游地产简单分类,大致有以下三种:

（1）自留地模式

自留地模式可比作城市周边的短途旅游。大城市带来的完善配套能够弥补大健康旅游地产最大的短板。这种开发模式一般选址在距离城市一小时车程左右的地区,有着与城市不同的环境、资源,或有山或有水或有森林等。此类旅游地产具备养生、养老、疗养的典型特征,又结合了旅游资源,一般以农家社区形式出现,也包括一些大城市周边的大盘,可以称作离城不离乡,介于本地养老和异地养老之间的半异地模式,是未完全独立的一种妥协产品。

（2）疗养地模式

度假疗养型地产开发则是针对身体状况不佳、对养生的需求高于观光的人们。其主要特点是建设大型健康基地,利用宜人的自然气候和生态环境带来舒适的享受。最常见的包括冬季到海南、夏季到大连的候鸟式生活。这种模式以保健疗养为主,旅游观光为辅。疗养地模式的旅游地产开发一般以出售带有产权的房屋为主,买此房作为第二甚至第三居所。由于老年人会在居所里停留较长时间,因此此类房屋应按长期居所看待,建设大量生活配套,包括各类娱乐设施等。鉴于此类老年客群健康状况不乐观,在医疗配套上应有针对性较高的配置。

（3）集散地模式

与疗养地模式一样,同属于完全离家模式,更为贴近大健康旅游的本质,所不同之处在于疗养地模式更偏重"养",而集散地模式更偏重"旅"。集散地模式针对的是刚离开工作岗位、步入老年群体、热爱旅游、身体健康的老年人,他们更愿意拓宽视野,丰富退休生活,体验更多的文化内容。集散地模式旅游地产开发选择产权式公寓作为主力产品。由于在居所停留时间偏短,集散地模式相比疗养地模式对于医疗、娱乐、教育等配套的要求相对较低,但应对其旅游相关线路进行有效的引导,包括与旅游景点合作,提供便利的服务。

3）发展要点

大健康旅游地产的开发难度较大,绝不等同于在旅游地开发带有健康概念的地产,打造此类旅游地产的时候,需要把握如下要点:

（1）场景的切换

大健康旅游地产开发的关键在于择地,对于项目开发的地理位置要求很高,老年人之所以选择旅游养老而非在宅养老,关键是要感受和家中不一样的生活方式。最常见的场景切换是将开发地址选在景色优美的自然环境周边,以自然的代替城市的,以安静的代替喧嚣的,这种切换适合于各类养老旅游地产的开发。最适合打造大健康旅游地产的地方,不一定回归自然,但必定远离喧嚣城市,必定拥有或依托良好的景观资源。

美国太阳城养老社区(Sun City)位于美国亚利桑那州,全年气候炎热,城市密布棕榈树和各种热带植物,城市街道公用交通主要依靠高尔夫球车,并保证顺畅。全城共拥有16万居民,是美国最大的养老社区。亚利桑那州的气候非常适合老年人疗养各种慢性疾病,因此开发商将目标客户定位为老年群体。太阳城能成为老年群体的首选是个偶然,但这个偶然是立足于适宜养老的环境基础上的,而地产商能够清楚地认识到太阳城发展的趋势,并抓住时机科学规划也造就了太阳城养老社区的成功[104]。国内大健康旅游地产大多位于生态环境优越的地方,如黄山、海南、青岛等具备山、海、湖、岛、泉的特色魅力城市,这些地方可以让社区居民享受空气养生、滨海养生、山林养生等。

（2）配套高比重

对于大健康旅游地产来说，对配套的要求会更上一个台阶。除了常规的适老、疗养设计，对于老年人、特殊疗养者还需要特别设置有针对性的功能，比如中西医疗和特殊救护机构，尤其是针对老年常见病症的急救设备等。养老旅游社区在现代化的信息网络系统方面通常有着较高的要求。由于是异地养老、养生、疗养，一般缺少亲朋好友在身边，需要帮助时，对时效性的要求就更高。比如前文所述的美国太阳城养老社区，对于患有心脏病等严重疾病的老人，他们脖子上都佩戴一个项链一样的报警装置，遇到危险，只要按一下，救护车就会立即赶到。除了硬件以外，养老旅游地产项目在服务性配套上的要求也更高，一般侧重于养生、培训、保健、体检、体育、治疗、娱乐等软性服务，并配备多项相应设施。同时也能为社区居民提供高品质养生服务，帮助居民营造全新的健康生活方式，根据居民不同的身体状况、家庭情况、精神状态等实际需要，制定服务内容。

（3）特殊客户群

对于旅游地产而言，最难的是什么？是如何吸引人。对于绝大多数旅游地产而言，做热比做熟更重要，如何实现"我知、我游、我停留"，如何能把区域做热、吸引第一批人前来是项目前期的核心开发目标。换句话说，客群是谁、为何而来，是旅游地产事关生死的重大问题。结合大健康概念去做旅游，这个问题将迎刃而解。

从运营的长期性来看，旅游业本身具有季节性，在一年内不同时间的接待人数会有周期性的变化，淡季客源不足，旺季又人满为患。而老年人有充足的可支配时间，基本不受公共假期影响，而且在旅游目的地停留时间较长，是旅游地产的最佳补充客群。如果运作得当，老年人可以使项目的设施设备和人力的利用率在时间轴上更为均质化。大健康旅游地产要走的路还很长，想要取得成功，就要跳出单纯的地产开发层面，打破盖房子和卖房子的思维桎梏，从产业融合和产业运营的角度去运作。

4）发展中存在的问题

中国的大健康地产蕴藏着巨大的商机，包括万科、保利、越秀地产等地产企业早已展开积极布局。但在国内，多数大健康地产项目都是以健康为"噱头"卖地产，并没有真正满足人们的需求。随着老龄化社会的来临，"银发经济"将催生蓬勃的市场需求。2013年8月杭州良渚文化村的万科随园嘉树首发就售罄，作为万科集团在高端养老地产领域的试点，但实际上主要消费人群是40岁左右的"少壮派"，而并不是真正需要养老的老人[103]。国内的老年人更喜欢与年轻人住得近，大健康地产的未来是以居家为主，即为现有的住宅提供适老化改造以及养老、养生服务的轻资产模式，而不是重复建设更多的地产项目。我国老龄人群的收入较低，无力购买昂贵的养老地产，这意味着地产企业应该通过服务而非地产实现盈利。大健康的蛋糕看上去很美,但真正能从中分一块的企业很少,事实上处于供过于求的困境,养生、养老、医疗、康复地产仍需要寻找真正的盈利模式。作为一个新兴产业,大健康地产这片"蓝海"中处处都是难以预料的暗礁。

(1) 入住门槛高,其他费用还不少

目前,市场上可供选择的大健康地产产品基本分为"房企系"和"险企系"两大类型,但无论是哪一类,"门槛"都同样高不可攀。由祈福地产开发的,位于番禺祈福新邨内的祈福护老公寓,是广州最早出现的养老地产之一。祈福护老公寓是以"合租"方式,一套房分成数间出租,月租金 4 500~8 000 元。如果是夫妻俩同住,可以选择月租 1.3 万元或 1.55 万元的两房。除了餐费和医生简单的身体检查费用,其他护理费用均要自理[105],两房的月租已可以在祈福小区内供一套别墅。由于消费较高,在这里住的老年人多来自我国香港地区或其他国家,内地老人不太多。另外颐和集团打造的"天价售卖 20 年使用权"的养老地产颐福居被炒得火热。曾有报道,一间 20 多平方米的单间,需要花费 28 万元至 45 万元购买一个VIP 床位的 20 年使用权,每个月还要另外缴纳数千元的服务和管理费用[106]。"险企系"养老地产的情况也没有好到哪里去。险企系养老产业的模式主要是客户购买指定产品以获得入住资格,例如泰康养老社区入住门槛高达 300 万元。值得注意的是,即使交了这笔数百万元的"入场费",也并不代表一劳永逸。物业管理费、保洁服务费、基础文化娱乐活动费、标准设施设备使用费、限定额度内的能源费用等或需要入住后再进行缴纳[107]。

(2) 成本高周期长,回报模式待考验

虽然入住健康社区对于大部分老年人是一个大额花销,但对于企业而言,该地产资金回收周期长,配套要求高,实属"微利"产业。该地产"蛋糕"虽大,但企业如何"下咽"仍是一个问题,现在最基本的回报模式依然还在探索。真正的大健康项目,不光是卖产权,而是做会籍销售,以会籍来获得相关的保障,类似传统养老院的高级版本,会给每个老年人提供独立的房屋和空间。而纵观目前养老地产的收费模式现状,"房企系"大都是采取会员费+月租或服务费的模式,而"险企系"大都采取购买保单附赠入住资格+月租或服务费的模式,"会籍销售"的模式较为清晰。但与传统房地产购地——开发——售卖的高周转模式相比,开发大健康社区还需要有医疗、护理等前期投入,初期成本本来就比普通楼盘偏高,而其长期收租的模式导致资金回笼速度明显缓慢许多。该类项目价格肯定会比普通的住区楼盘价格高,想要收回成本至少要 5~10 年以上。例如已经经营多年的广州祈福护老公寓,每年都还要往项目里投钱。

(3) 后续配套堪忧,传承功能不足

大健康地产目前多数依然处于"纸上谈兵"的状态。"险企系"多数的社区仍然处于布局阶段,有的产品已经售出,可是地块却仍未拿到。以泰康人寿的社区为例,除了北京和上海的地块已经确定,其他仍处于布局阶段。新华保险已在西安、武汉建立两个健康管理中心,在北京延庆和密云的项目选点也获得董事会批准,与社区挂钩的新型养老保险产品也在申报中[108]。而"房企系"的健康地产多以"健康、养老"为噱头,后续配套良莠不齐。真正买房养老要看社区是否确实拥有医疗团队、护理团队、家政团队,并正在进行有效、合理的服务。由于房地产开发商与专业机构的盈利模式大不相同:一个是追求短期套现,一个是追求长期服务获利,导致房地产开发商与专业机构合作的开发也少有成功。

总之,要推动大健康地产的发展,一方面,开发企业应加速转型的步伐,通过合作嫁接健康医疗服务资源,以社区为单位,为客户提供服务;另一方面,政府也应该对我国的大健康产业发展制定详细发展规划及行业标准,并在产业发展初期在用地、审批、税费等领域给予企业支持,鼓励更多大型地产企业进入,以便推动产业良性发展。开发企业要充分研究未来发展趋势和国家相关政策,结合自身实力和自有的资源,从购买者特殊需求出发进行规划,社区的安全性、医疗、购物等配套设施和服务的便利度就成为必要条件。

2. 旅游地产＋文化演艺模式

1) 相关概念及发展状况

"文化旅游地产"是通过不同的文化类别,打造不同的主题文化,通过整理相关产业的资源,促使整个文化产业链上的资源最大化,同时可以通过产业地产平台,为文化产业相关公司、消费者提供品牌展示、交易平台等服务。"文化地产"是文化产业与地产、运营相结合为一体的综合服务平台,通过运营使文化产业链价值最大化,同时使文化地产价值实现增值,是整个文化地产开发与运作的核心。

演艺产业是由与演艺活动相关的各种产业构成,涉及舞台、灯光、音响、服装、道具、演出创作、票务销售等一系列产业,是最传统、最具专业性和市场化特点的艺术行业,也是最具再开发和产品衍生潜力的原创型文化产业。

文化演艺地产是以文化演艺资源为核心,挖掘当地演艺文化,整合演艺产业与房地产业的资源、市场,实现消费者联动互补,价值最大化的一种地产开发模式,其本质是利用演艺产业提升区域的房地产价值。

旅游文化演艺项目是旅游文化融合发展最直接、最易看到效果的。旅游文化演艺项目的发展和中国文化旅游产业的发展是同步的,经历了前期的孕育期、快速的发展期。从 2000 年打造的《印象刘三姐》,走到今天应该说中国文化旅游的演艺行业已经基本成熟,产品已经基本满足旅游市场的需求。旅游文化演艺是一个方兴未艾的产业,它的生命力还非常强,将有很长的路要走。在这样一个旅游文化演艺行业发展的过程中,我们应当看到旅游演艺已经开始进入一个减速换挡期。

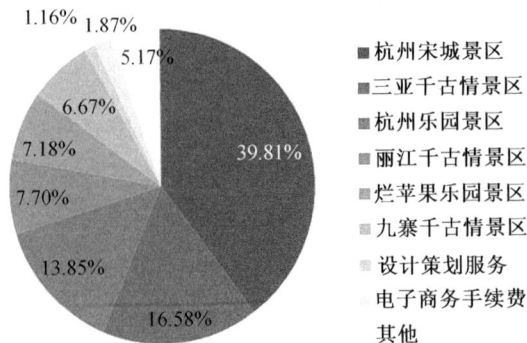

资料来源:付安平.旅游地产新常态:四大盈利模式[EB/OL].微口网,2015-12-13.

图10 2015年宋城股份收入构成

华侨城集团也在积极寻求突破与转型,由"旅游+地产"的双线程盈利,转向"旅游+地产+文化服务"的多线程共赢,并逐渐由重资产向轻资产转型,从区域运营商向复合式服务开发运营商角色转型,成立华侨城演艺公司、华侨城文化科技公司、麦鲁小城、哈克儿童职业体验馆等,2011年其传媒演艺公司已形成23台剧,演职人员达到2 600多人,文化科技公司在半年时间内实现净利润1 087.63万元。虽然华侨城的转型之路还面临各细分市场成功者的竞争,未来是否可以持续盈利还有待市场检验,但这种轻资产转型和运营输出已然成为趋势。如图10所示,2015年宋城以景区门票为主要收入,门票收入中演艺收入占到87%,号称亚洲演艺第一股,并不断进行品牌输出,千古情系列已经在三亚、丽江、九寨等知名景区开业[109]。

利海联姻山水盛典,房地产企业与文化产业投资公司跨界合作助力文旅地产新高度。2014年1月19日,利海集团与山水盛典(北京)文化投资有限公司签订《合作协议》,共同发展文化旅游产业。利海集团在旅游地产板块已形成一定的规模发展,运用其在多个大型文化旅游地产项目上的开发运营经验,以文化产业之名跨界合作,联姻专业文化投资公司发展旅游文化项目,加强合作致力文化旅游板块,积极布局扩张,助力文化旅游地产版图发展更上一层楼[110]。

2)文化演艺的发展历程

文化演艺是依托强大的文化综合资源平台,聚集国际、国家级编导和富有经验的演艺策划、制作、管理人员和一批拔尖优秀的策划、设计、活动执行等广告专业人才,形成一个为旅游地提供旅游演艺项目的专业咨询顾问服务、输送旅游文化精品剧目,集品牌管理与整合传播顾问服务、视觉形象管理、公关活动全程策划执行、企业文化建设、广告制作及影视剧制作、发行等业务领域于一身的综合性文化创意机构。

（1）萌芽阶段：从实验性到常态化的景区表演

前些年传统的旅游区、风景区建成后，仅仅优美的环境、精美的建筑及各类静态设施，已难以满足游客消费的多样化，于是有的景区就开始探索景区演出，就会有不同类型的剧场，并筹建表演艺术团。起初带有强烈的实验性，艺术团里的成员都有其他工作岗位，平时照常上班，空闲时间集中排练，晚上参加艺术团演出，后来大型文艺表演成为旅游活动的重要组成部分，由此实现了景区表演的常态化。

（2）发展阶段：从景区重要版块到城市秀

景区表演模式历经多年的发展，景区秀、实景秀等各种旅游演艺产品在全国各地四处开花，这也就标志着"景区秀"模式形成。建设大型舞台，并为这个舞台量身打造特色演艺剧目。在传统的艺术团体面对市场经济的冲击举步维艰的时候，部分景区秀演出部门凭借在演艺方面的资源优势，实现企业与艺术团体的成功"嫁接"，走上了企业办团之路。此时无论是剧院、团队，还是作品质量，都已经不亚于专业艺术剧院的实力。演艺也凭借自身运作模式的建立，成为景区中的重要版块，形成"旅游＋文化演艺"模式。有的公司推出在景区外独立运作的驻场式表演的独立剧目，形成类似于美国拉斯维加斯"酒店业＋娱乐业"的经营模式。如2008—2011年，华侨城先后在北京、成都、上海、深圳等地建造了独立于景区的城市剧场，并打造出了与这几座城市的城市文化、地方特色紧密融合的大型城市秀《金面王朝》《天府蜀韵》等，华侨城铸就了近60台享誉国内外的经典演出，拥有千人以上的专业剧场及表演场地23个，演职人员近2 600人，旅游演艺的整体规模居全国第一[111]。由此，演艺剧目开始与旅游景区的门票完全分开发售，并成为文化旅游收入的一个重要来源。另外，依托于旅游地产的主题公园的聚集效应，拓展演艺的空间与形式，打造城市秀。主题公园和城市秀则共同构成城市文化娱乐产业集群核心骨架，构建文化产业的支柱，提升城市的文化品位。

（3）飞跃阶段：演艺输出实现产业化运作

2012年，中国文化部发布《文化部"十二五"时期文化产业倍增计划》，明确提出了"十二五"期间的11个重点行业和发展目标，其中首个便是演艺业。文化演艺已经上升到国家战略的显要位置。演艺也开始朝着产业化道路继续迈进。近年来，旅游地产的文化演艺积极探求演艺"走出去"，希望通过产业化运作，实现演艺输出，将文化演艺项目乃至其背后蕴含的文化，带到全国，甚至推向世界。例如：2013年第九届中国（深圳）国际文化产业博览交易会上，华侨城推出全新概念的大型多媒体音舞诗画作品《国风·琴棋书画》[112]。该剧目不仅实现了舞台表演形式与先进的舞台科技的创新融合,更与中国文化的完美融合,也将因地制宜地复制到全国各地及国际演艺市场,从而实现演艺产品的文化与品牌的输出。未来,旅游地产的文化演艺除了不断推出演艺精品外,还将在产业化的道路上走得更远,借助演艺输出的模式,为更多的城市与人们带去优质的演艺作品,带动旅游地产的发展。

3)文化演艺旅游地产的开发模式

(1)演艺—商业街区模式

该模式是整合现有演艺文化主题地产资源,对大块土地进行产业规划,同时依托商业街区的客源和基础设施,带动演艺产业园区的宣传和推广,提供客源保证园区生存的发展模式。该模式对演艺产业进行国际化、产业化运作,以文化氛围服务、完善商务环境带动产业发展,提升城市文化软实力。演艺—商业街区模式开发的项目多位于城市核心区域,周边演艺资源丰富、商业繁荣,交通设施和商业娱乐配套设施完善,如上海现代戏剧谷项目,以静安为龙头,勾连起周边区域,整合静安区域独特商业、人文和戏剧资源,探索演艺产业与周边商业街区融合发展的新型模式。

(2)演出街区—城市综合模式

以"演艺"为先导,以"商业"为支撑,完善酒店、办公楼、生态景观、会所等配套设施,以演出街区为主要特色的城市综合体项目。该模式以演艺艺术为核心卖点,吸引消费群体,通过酒店商务、创意办公、高端会所、餐饮住宿、休闲娱乐、生态景观等配套设施的完善,实现客源的多重消费。演出街区—城市综合模式的典型代表是创意北京基地,西山文北创意大道是一个自然孕育、政府推动、规划建设中的高端文化功能区,分布有演艺、艺术品展示交易、酒店会展等多种文化设施。创意北京是西山文化创意大道的核心项目,由世博伟业投资控股有限公司与四季青镇政府合作开发,将建设成为演出街区为核心,相关商业配套支撑的大型综合文化产业项目。该项目与美国百老汇倪德伦家族以及中国东方演出集团总公司合作,建设12个规模不等的剧种不同的专业演出街区。"文化情景商业"占地20万平方米,将引进两家国家顶级酒店以及各种文化主题情景商业;创意大师工作室占地21万平方米,吸引国际和国内各类创意设计机构和设计大师入驻;创意生活区占地12万平方米,是为区域内高端人才配置的服务式公寓。[113]

4)该类模式有很强的生命力、很广阔的发展空间,但是在不断升级的过程中,也发现了其中存在的问题:

(1)演艺项目的规模与内容的反差

规模越来越大,内容越来越空,这是一个最基本的表现。汉秀25亿的投资,怎么赚回来是个问题;刚刚起步的傣秀,在那个才几十万人口的一个小城市里又那么多亿的投资,那么大的规模,不知道结果是什么,但可以预测它的结果不会太好。重要的是内容,越来越多的项目在规模上和内容之间出现的矛盾越来越明显。

(2) 演艺项目的数量和品质之间的矛盾

数量越来越多,品质越来越差。大家都觉得有一个演艺就行了,至于演艺的内容是什么、品质怎么样,尤其是我们在投资、决定做演艺项目的时候,对未来客源、演艺本身思想和内容、艺术的审美要求是什么,基本上不关注,所以数量和品质之间的矛盾将越来越突出。

(3) 演艺项目的复制与创新的博弈

现在演艺数量上比较多,但是太多的项目是复制性的,类似一个东西,看完之后差不多。所以这样的东西可能对市场、旅游者、投资者的情感是有伤害的,博弈越来越突出。

(4) 政府的意愿与市场需求对接的问题

政府意愿与市场的需求完全不对接,在旅游文化演艺推动的过程中特别多的项目是在政府主导下,政府主导的方式基本上就是,给你一块地做旅游、商业、房产,必须配套一个项目。当初都是不得已要满足政府的要求,政府无论从政绩角度考虑,还是从城市文化产品的需求考虑,用这样的方式推动文化项目,一开始就注定了这个项目在品质上不会很高,因为他们不是为了打造一个高品质的旅游文化产品,其他项目完全是附加的方式。政府到底应该做什么,市场到底要什么,应该做什么,这些是在未来发展过程中绕不过去的问题,这要求政府从主导变为扶持,从而打造宽松的市场环境,让有品质、有实力的企业按市场的行为来推动旅游文化演艺产品的出现。

(5) 投资人的要求与艺术家的目标不对称

不管投资人是政府背景还是有钱人,真正投资的机构和投资人的目标不对称。不对称主要表现在一个是阅历,一个是错位的问题,投资人在艺术表达上不是那么专业,使得艺术产品出来以后太像投资人领导的想法,而不是市场需要的产品。另外,过度信任知名的艺术家,艺术家如果只是表现自己的艺术目标,实际上艺术家实现的产品可能未必是市场所需要的产品,现在有非常多这样失败的例子。

(6) 产品运营模式与艺术基本规律不对应

现在旅游文化演艺的产品运营模式和艺术的基本规律不对应,主要表现在我们把这样一个艺术产品按照工业产品来看待,工业产品的基本规律是在研发和试验过程中千锤百炼,成为标准成熟之后才上线批量生产。艺术的作品不是在成熟后才推出舞台,十年磨一剑,但太多文化旅游产品都是找一个大家,花了很多钱,完成第一次创作之后,从此不改了。这个演艺项目一开始是不错的,时代变了,人们喜好都变了,两三年后就倒掉了。

5)演艺地产的发展方向

演艺地产作为我国文化地产开发的重要组成部分,具有产品附加值高和社会效应热等特点,产业发展潜力和发展空间大,未来演艺地产将朝着产业集聚、关联产业资源共享、功能复合化、城市名片等方向发展

(1)快速实现演艺产业集聚,实现聚焦与扩散双轮效应

不再局限于单一模式的演艺场所开发,逐步形成一个独具特色的产业集群,发挥集聚和扩散的双轮效应,达到最优化的资源复合和市场配置。

(2)完善演艺地产产业业链,实现关联产业资源共享

充分利用资源共享效应,注重上游演艺创作和演艺业发展以及下游配套餐饮、住宿、购物、娱乐和纪念品、艺术品等衍生品开发,建立以演艺文化主题地产为核心的完善价值链系统。

(3)演艺场所向城市综合体发展,实现复合型功能

随着城市消费人群消费习惯的改变,城市综合体成为城市商业地产发展的主要趋向,未来演艺产业的开发也将朝这一方向发展,逐步实现复合型功能。

(4)与城市规划相辅相成,打造城市名片

目前中国演艺文化主题地产的规划由政府主导,开发商要按照当地城市土地利用总体规划、城市总体规划进行开发,在规划过程中结合当地文化特色,打造城市名片。如纽约百老汇凭借世界顶级的舞台演艺声名远播,成为纽约的一大品牌。

3. 主题公园模式

1)主题公园的概念及类型

主题公园(Theme Park),是根据某个特定的主题,采用现代科学技术和多层次活动设置方式,集诸多娱乐活动、休闲要素和服务接待设施于一体的现代旅游目的地。主题公园是为了满足旅游者多样化休闲娱乐需求和选择而建造的一种具有创意性活动方式的现代旅游场所。它是根据特定的主题创意,主要以文化复制、文化移植、文化陈列以及高新技术等手段、以虚拟环境塑造与园林环境为载体来迎合消费者的好奇心、以主题情节贯穿整个游乐项目的休闲娱乐活动空间。

2)我国主题公园的发展

2016年6月16日迪士尼在上海正式开业运营,带动了我国主题公园建设进入一个新高潮。国内的华侨城集团、华强集团、长隆集团、宋城集团等也加速了主题公园的全国化布局。我国主题公园的起源可追溯到20世纪80年代,发展模式也从主题公园本体的单一发展升级为对周边区域的带动发展,目前已经历了5个

时代:模拟景园(上海大观园)、微缩景观(深圳世界之窗)、游乐场(苏州乐园)、主题乐园(常州中华恐龙园)、主题文旅度假区(深圳的东部华侨城、上海迪士尼乐园)。未来我国的主题公园的发展方向有:

(1) 集群化主题公园

美国奥兰多的迪士尼世界拥有 4 座超大型主题乐园、2 座水上乐园、32 家度假饭店共 25 000 间客房(包括 22 家由迪士尼世界经营的饭店)、784 个露营地、5 座18 洞的国际标准高尔夫球场和 1 座 9 洞的亲子高尔夫球场、1 座主题文化小镇和超过 250 家餐厅……这是全世界规模最大、品牌影响力最强、吸引游客最多的主题乐园集群[114]。我国的常州聚集了中华恐龙园、淹城春秋乐园和环球动漫嬉戏谷等;广州聚集了长隆野生动物世界、长隆夜间动物世界、长隆欢乐世界、长隆水上乐园、长隆飞鸟乐园和长隆国际大马戏等。

(2) 近期还有异军突起的电影主题公园

电影对于旅游市场的带动作用毋庸置疑,由于电影外景拍摄而带红一座城市或景区的案例时有发生。比如早年《大话西游》为拍摄地宁夏沙湖带来了巨大的知名度和旅游人群;2012 年度刷新国产片票房纪录的《泰囧》更是让泰国清迈成为当年春节期间最火爆的线路[115]。2014 年 6 月,冯小刚电影公社是由观澜湖集团携手华谊兄弟公司、著名导演冯小刚巨资打造的中国独具特色的电影主题旅游胜地,以冯小刚《1942》《唐山大地震》《非诚勿扰》系列冯氏经典电影场景为建筑规划元素,打造的综合娱乐街区,呈现 20 世纪百年间的中国城市街区风情[116]。其经营模式为"电影文化＋旅游目的地＋商业业态"。电影消费市场的火爆,引来众多资本逐鹿影市,但目前大多数影视基地项目并没有形成成熟的盈利模式,如何经营仍是影视与地产结合最重要亦是最难解的问题。国外影视与旅游地产结合的方式,有最著名的影视主题公园如好莱坞环球影城、奥兰多环球影城。环球影城是世界上规模最大的围绕电影拍摄场景建立的主题娱乐公园,是一个能够让游客走入电影,亲身体验电影拍摄的神奇世界。影视主题公园,即不以影视拍摄功能为主,而是以影视拍摄场景、场地、道具、服饰、片段等为资源,以影视文化为主题的娱乐公园。经过不断的完善和发展,好莱坞环球影城已经成为游客游览好莱坞必不可少的一个景点。目前我国的影视主题公园很难达到如环球影城一样的规模和影响力,但仍有一些具有独特的吸引力、发展较为成功的案例。

(3) 媒体化主题公园

迪士尼主题公园拥有了自己的文化品牌、自主的 IP,并将延伸到网络媒体和影视娱乐等领域,使之联动,产生更大的经济效益,是迪士尼产业链经久不衰的制胜法宝。长隆与电视台合作推出了《奔跑吧兄弟》《中国好声音》《爸爸去哪儿》等节目,极大地提升了长隆的品牌影响力。

不管是什么主题的"主题公园"的出现,通常都会促进周边娱乐、交通、商业、旅游等配套的完善,从而带动所在区域的整体发展。由于住宅的价值受周边生活配套的成熟度和便捷度等多方面因素影响,区域价值的整体提升也会为楼市带来利好。华侨城集团的"锦绣中华"、中国民俗文化村、世界之窗、欢乐谷主题公园的开发成功,改善了华侨城的自然和人文环境,为该地产项目带来极高的附加值和巨大的升值潜力。在旅游休闲度假氛围形成后,围绕旅游行为开展合适的土地、地产开发和营销,从而构建一种新型的模式。

3) 主题公园发展中存在的问题

我国主题公园经过多年发展,既有成功经验,也有失败教训。近几年来,全国各地已经投入高达数百亿元人民币到各种主题公园建设中,形成了一定的产业框架和相应的经营规模、接待能力。然而,目前仍有不少的主题公园经营状况不佳,更别说带动区域的经济发展,其中有些结构性制约因素,值得引起有关方面特别是投资方和经营者的重视。

(1) 策划不全面

主题公园是旅游发展到一定阶段的产物,与人们的收入水平、休闲时间、行为偏好、审美情趣、旅游频度和强度等因素密切相关的。由于缺乏对国内旅游客源市场的正确认识,一些投资者往往高估客源流量,忽略了某些主题公园只适合一定的消费群体,导致决策失误,缺乏对投资回报期的正确认识。一些地方在建设主题公园时,缺乏对自身条件和客源市场的客观分析,以至于公园建成之日,就是亏损之时。江苏的福禄贝尔乐园、海南的中华民俗文化村、河南的官渡古战场等等,都是这样的例子。

主题公园是一种商业性项目,它需要遵循商业规则,需要按照经济规律进行运作。那种不顾社会需求只知盲目建设的商业项目注定是会失败的,尤其是主题公园项目,会造成极大的社会浪费。盲目跟风还会极大地破坏行业发展环境,使本来已盈利的其他主题公园陷入亏损,使本来定位明确的主题公园变得毫无特色。因此在新的主题公园建设之前,一定要从全局上来把握,做好充分的市场调研,研究市场容量和竞争环境,还需仔细研究主要客源的需求及消费水平,最后精心策划,千万不可盲目跟风。

(2) 综合功能配置不健全

主题公园是个具有整体性内涵,并按照游客观赏、娱乐、参与的心理满足程度进行设计,进而形成逻辑循环系统的新型旅游目的地。主题公园功能的体现就是按照这一目的进行划分和组合的。从目前我国主题公园现状看,功能不健全是个较大的问题。我国主题公园的观赏功能都比较强,娱乐功能较弱,参与性更差,主题公园的这种功能设置显然是片面的。究其原因,是我们在引进世界主题公园模式的时候,人为地分割了其功能的完整性,注重进行某种单一功能的模仿,导致主题公园先天不足,无法完整体现现代旅游目的地的综合性旅游功能。部分主题公园近几年来认识到这种功能的局限对市场的制约,并着力进行调整,完善功能配置,特别是增加了不少具有强烈视觉感受的娱乐性活动项目,增加一些参与性程度较高的旅游活动,取得了一定的市场效果。当然,如果想从根本上健全我国主题公园的功能,还得付出更多的艰辛努力。

（3）选址要反复斟酌

国外主题公园的发展特别强调地理位置对经营成败的关键作用。西班牙的经验证明,主题公园在旅游目的地有着良好的发展前景。英国则认为主题公园的理想位置必须邻近两个商业广告密集区而不与其他主题公园相临近,同时在1小时车程的地域内有1 200万以上的居民或者离大的旅游度假区不到1小时车程等。有些投资者缺乏对交通可达性的正确认识。一些大型主题公园尽管位于城市的边缘,距离一般在一公里的范围内,但是市政服务设施配套滞后,交通不便,造成游客不重游。现阶段,我国的主题公园比较适合在中心城市或旅游城市建设,有些项目恰恰选在两个城市之间,原想方便两个城市,实际造成两个城市都不方便。

（4）主题特色不鲜明

主题是主题公园形成鲜明特色和独特个性的灵魂,每一个成功的主题公园都有强烈的主题特色,项目设计要以主题为中心,项目布局要以人为本,要有体验设计理念。在项目布局上,要有合理的主题路线。由于国内主题公园发展历史短,多数主题公园在规划设计上没有规范性模式,只是简单模仿国外前期开发的成功范例。即便是有较好的主题,也会因为规划设计人员的肤浅理解而难以展现其魅力。由于规划设计的水平偏低或甚至缺乏规划设计,许多规划只是将一个个模拟或微缩景点进行排列组合。城市机械游乐园热、"西游记宫"热、微缩模拟景观热等热潮此起彼伏。"锦绣中华"的轰动效应导致了后继者追求经济效益的偏向,急于富起来的地区和单位把它当做一种致富手段,过分追求"投资少、见效快",以至题材重复甚至模仿抄袭[117]。这些主题公园的建设往往只考虑建筑、设计专家的意见,而没有旅游专业咨询人员的参与,在建设中只重视审美、建筑布局的价值,而忽略了游客的心理需求动向。大部分的旅游项目只是纯观光性的静态景观,游客无法参与其中,主题缺乏特色,主题公园的主题系列产品很少得到开发,除门票收入外,缺乏更多的盈利项目。在项目规划中,要注意确保创造出一个良好的游园环境,使游客真正能有一次美好的精神体验。在项目规划上应增强游客参与性项目的设计,国内主题公园普遍存在缺乏体验设计理念。体验设计是时代的必然趋势,体验性项目在未来必然取代观赏性项目而成为主题公园的主导项目。主题公园是一种为游客带来特定主题精神享受的游乐场所,因此要想使游客能够得到期望的精神享受,这就要求公园内的一切"产品"都要体现同一个主题。

(5) 品牌形象不明确

我们已经进入品牌竞争的时代,知名的主题公园品牌在市场竞争中体现出很强的优势,意味着高市场占有率。当公园品牌与游客的沟通达到个性层面时,它会在游客心目中形成极深刻的印象。因此主题公园的开发经营者要着重树立公园品牌形象,以此加强公园产品的核心竞争能力。如深圳锦绣中华多年来形成的"跟踪式清扫""陪游式清场""洗手间文化"等服务品牌,除了在海内外游客中赢得良好口碑,还使其获得了可观的盈利。主题公园品牌创建是一项长期性的投资和系统工程,只有不断投入大量的精力、智慧、资金与时间,不断研究市场和游客需要,围绕品牌知名度以及游客认知度进行品牌塑造,才能达到既扩大旅游市场份额,又增大品牌知名度的目的,使之以鲜明的时代特征深入到广大游客心中,使公园不断焕发出盎然生机。

(6) 主题不明确,注重推陈出新

一般而言,主题公园的主题是相对固定的,建筑物等硬件设施的功能在长时期内也难以发生改变。但是由于受到社会经济技术进步、消费者需求变化和市场竞争这三种力量的影响,有些主题公园,原始创意不错,建设也比较到位,再加上一些炒作,使得开园之时游人如织,一派火爆的场面,但由于建园之初缺少远景规划,后续没有更多新建项目推出,一阵热闹过后,市场越来越难做,最后门可罗雀、凄惨度日。

4) 主题公园模式的发展策略

(1) 根据社会需求并结合自身特色精心策划推出的,含有丰富创意的新景点、新项目或新活动就成为保持公园吸引力的关键。尤其是动态的主题活动,不仅弥补了静态设施的缺陷,而且生动的表现形式能够融入深刻的文化内涵,增加了游客游园快乐的附加值,成为开启游客心理的一把金钥匙。

(2) 随着人们旅游需求的不断变化,主题公园的项目策划不仅要充分考虑旅游目的地的市场变化、旅游需求多元化的市场变化和旅游形式的市场变化,因地制宜,因时在项目设置和更新、服务模式以及参与性、体验性、娱乐性上有所创新,而且在项目策划时要加强活动项目的可变换性。

(3) 主题公园经营者可采取事件营销、文化节营销、新闻炒作、体验营销等综合性的营销模式,围绕其主题内容,灵活变换主题公园的项目活动。如北京世界公园的经营者为了保持公园旺盛的生命力,提出"一天一个世界"的口号。他们兴建了动感电影院和泰国大象表演场,还在公园的露天剧场常年进行各国的文娱表演,举办摄影比赛等多项主题活动。由此可见,在主题公园的设计和建造上要留有充分的余地,以便不断地开发新产品和调整活动项目。

综上所述,我国主题公园模式的旅游地产发展是困难和机遇并存的。作为一个并不成熟的旅游休闲产业,尚有许多地方需要研究,但是以商业盈利为主要目的的主题公园与市场是密不可分的。投资经营者必须面向市场、分析市场、适应市场、开拓市场,同时还应密切注意市场的变化和发展趋势,随时进行动态定位,获得生存和发展的必要条件,走可持续创新的发展道路,使我国主题公园的旅游地产模式建设更上一层楼。

4. 海外投资、收购模式

1) 发展概况

中国房地产发展初期(1990年代),已经有很多外资地产公司进入中国,企业多以港澳企业、新加坡、泰国、澳大利亚等地的为主。如新加坡嘉德置地、新加坡吉宝置业、美国铁狮门公司、美国汉斯地产、加拿大LVC国际投资集团、泰国正大集团等公司,但是由于令人琢磨不透的政策、复杂繁缛的审批程序、背离市场规律的价格,令这些外资系统一开始几乎就铩羽收紧,如今只有为数不多的外资地产商还坚持在国内投资。

然而,近年来越来越多国内的开发商和投资者愿意到海外投资旅游地产,收购、自建、参股发展等成为各类中国富豪海外投资旅游地产的手段。中国的超高净值投资者趋于成熟,他们中的许多人已开始在全球范围内寻找新的投资热点。2013年以来,不少知名房企开始加入"出海"队伍,斥巨资收购、兴建海外房地产项目,近期国内十余家大型房企继续扩大海外投资,文化旅游地产的"出海"战略全面升级。很多开发商选择城市的原则就是中国人偏好旅游和留学的国家和城市,如澳大利亚的黄金海岸、马来西亚的新山以及美国的洛杉矶和迈阿密等地。

2) 近期海外项目

澳大利亚统计局2016年1月公布的数据显示,在截至11月30日的12个月里(2014年12月1日到2015年11月30日),中国游客的数量为100.12万人,增长了21.6%,是5年前的两倍还要多。澳大利亚旅游研究局(Tourism Research Australia)去年预测短期中国游客的数量到2020财年将超越新西兰游客,但在截至11月份的12个月里,新西兰游客为130.3万人,比中国游客还要高出30.1%[118]。世邦魏理仕发布2015年亚洲投资者跨国房地产投资数据,数据显示,2015年亚洲投资者跨国投资总额再创新高,同比增长37%至624亿美元。投向美洲的资本达224亿美元,远超其他区域,同比增长109%[119]。越来越多的中国人出境游,因此就需要更多的中国元素的酒店或旅游相关设施来满足中国游客需求,这样就让更多的中国开发商瞄准了海外旅游地产投资。海外不少旅游目的地都在大量投入会务酒店和接待设施建设,澳大利亚方面正投入超过11亿澳元进行相关设施建设,还计划引入更多中国投资客。中国东润集团 2014 年收购了位于昆士兰州黄金海岸的范思哲酒店(Palazzo Versace)。2015 年 3 月,华宇集团斥资 6 000 万美元买下位于黄金海岸的索菲特酒店(Sofitel)。苏宁环球进军澳大利亚旅游地产,将兴建包括赌场在内的豪华酒店设施;大连万达集团股份有限公司已收购英国最大的豪华游艇制造商圣汐公司,并在欧洲投资建设超五星级酒店[120];2015 年大连万达集团计划携手日东集团投资数十亿澳元在黄金海岸的一块总规划 45 公顷的土地上打造包含了水上表演中心、人造冲浪池、室内滑雪馆、溜冰俱乐部、老爷车展览馆以及住宅主题度假村[121]。

与欧美国家的高端地产项目相比,东南亚国家的房地产具有独特的吸引力。首先是价格,基本上不会像欧美国家那么高;第二是东南亚地区华人多,语言饮食文化相似,更便于融入当地社会。所以,新加坡、泰国、马来西亚都成为开发商眼中的"金馍馍"。马来西亚历来就是华人集聚的地方,据相关数据显示,马来西亚目前人口有 2 981 万,马来人 67.4%,华人占 24.6%。而大马政府为鼓励更多海外人士投资马来西亚房地产,积极推广"我的第二故乡——马来西亚"(Malaysia My Second Home,MM2H),即"第二家园"计划,在马来西亚银行存 60 万人民币就可以在保留中国国籍的情况下享受马来西亚福利待遇。截至 2013 年,该项计划共吸引了 120 个国家的 23 482 人到马来西亚定居,其中中国参与者居首[122]。2014 年 1 月 7 日新华联不动产股份有限公司发布公告宣布,公司拟以 3 亿元购买马来西亚柔佛州梅蒂尼 B 区 9 幅地块,建设南洋度假中心。另外,拟和黑石共同出资 350 亿韩元(约合 2 亿元人民币)设立韩国锦绣山庄株式会社,获取韩国济州岛用地面积约为 110 万平方米的土地使用权[123]。

随着地产商实力的不断壮大以及海外一系列利好条件的吸引,开发商的"胃口"已不仅仅限于国内,从国内到海外投资格局的大变身,正是国内文旅地产企业开拓和对接海外地产资本市场的不断尝试,海外回报会超过 10%,这是每一个大一点的地产企业所希望获取的收益[124]。被调查者中有 69.35% 的人愿意和非常愿意尝试海外投资。

但是海外旅游地产市场,对于大多数普通中国人来说还是比较陌生的,此次调查中大家主要担心的问题依次是:法律法规问题、资金回报问题、运营管理问题、当地文化习惯,如图 11 所示。这说明该模式各方面都存在不足,有待进一步完善。这样一个巨大的市场下,在海外地产投资这片未知的"蓝海"中能否一帆风顺,尚待市场交与答案。

从时间维度看,近期进驻海外市场的中国地产企业有 20 多家,足迹遍及欧美、亚洲、澳洲等多个国家和地区。在试水海外市场方面,采取收购方式还是置地开发方式,不同房地产公司有不同策略和目的。例如复星收购的摩根大通总部即

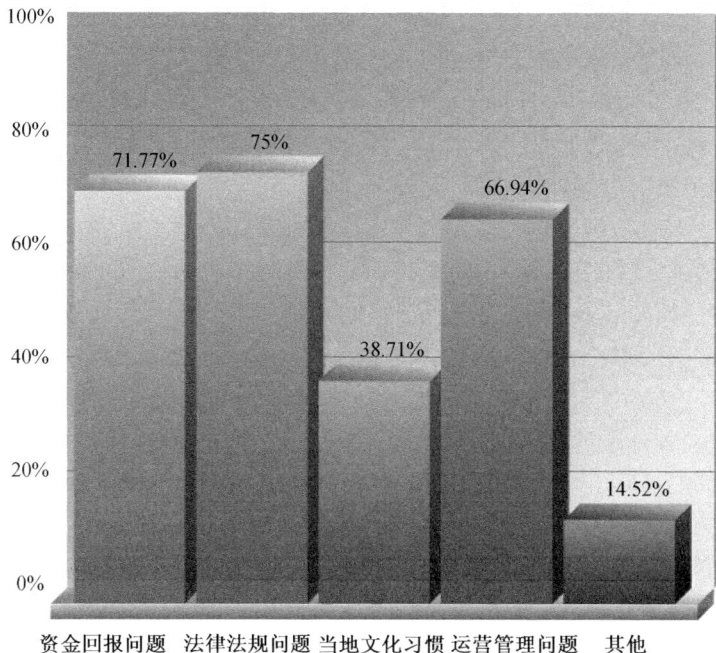

资料来源:作者绘制

图11 海外旅游地产投资消费者担心的主要问题

为地标建筑,既能迅速增加企业在海外的知名度,又能作为企业海外扩张时的办公场所。

万达集团在海外地产的投资道路并不平坦。早在2014年,同样因为政策原因,万达集团不得不将仅收购了2年的"西班牙大厦"项目抛售。2014年以2.65亿欧元收购,2016年以2.72亿欧元出售,按照人民币对欧元汇率来计算,万达最终亏损2亿元人民币[125]。

3)存在的风险

从世界各国海外投资的经验和规律以及我国一批企业走出去的经验教训,旅游地产企业走出去自然存在着一定的投资风险,这些风险主要表现为:

(1)决策风险

我国旅游地产企业海外投资、并购最根本的是要获得更多资源、更广阔的市场来增强自身的竞争力和影响力,但是目前我国大多数企业在海外的开发、并购中没有对本产业的发展前景做出科学准确的判断,也没有一个明确清晰的战略目标,决策很少依托企业战略,多依赖于项目的随机推选。一批可行性研究报告最终多成为可批性研究报告。一些项目由于事先没有使用单位和物业管理单位的前期介入,建成后造成了重大的功能调整、承重改建和运营困难。有的企业投资海外的时候,没有完备的市场调研,缺少对投资国法律、税收的总体把握,轻信亲朋好友、个人的介绍和资质不足机构的报告,很多决策风险都源自企业高层的头脑热度和认识的固执性。盲目地进行海外投资、并购,结果造成施工周期大幅延长、销售租赁成果远低于预期、投入产出失衡,这样做的结果就是给自己的企业带来了越来越沉重的包袱。

（2）政治风险

总体而言,发达国家的法律法规和税制相对公开透明,稳定性强。如有变化,也有准备调适期。商业投资较少受宗教、意识形态和国际关系的干扰影响。但是随着中国经济的发展,西方政府担心中国企业在本国的并购中会控制本国资源。因此,国外政府和企业对中国企业的投资动机存在怀疑。由于政治体制以及文化背景上也存在着一定的差异性,中国的这一行为也很容易遭到别国的排斥。他们对待我们这样的社会主义国家,政治壁垒和贸易壁垒显性、隐性都大量存在。上述种种因素,增加了企业在海外投资的风险。政党轮替频繁的国家,直接影响到投资项目的顺利展开;有的企业仅仅了解当前舆情民情,而看不清趋势变局。只求症结缓解不求彻底解决,很多政治风险产生于我们自身的轻视漠视。这样导致上述优势就可能变为劣势,政治风险更加凸显。

（3）经营风险

经营风险一直贯穿于投资和营运的全过程当中。税务、利率、汇率、融资、保险、劳工、政策变化、环境影响、消费习惯和市场需求、工作方式、标准和流程、人才和勤勉程度等,都是容易形成经营风险的各个节点。有的企业对税收的缴纳时点和计算方法存在误解,从而造成工作上的被动;有的企业只看到利率的低廉和稳定,看不到汇率波动成为投资收益的主要障碍;有的企业满足于当前的市场状况,忽视了城市产业结构调整和人口外流的未来趋势。政策的不确定首先是货币政策的方向、力度和工具,还包括行政性的、计划性的调控手段是否会进一步放松等。国外政府对劳工权益、社会保险等方面有严格的要求,像中国企业这样粗放式的经营方式,在国外没有什么优势可言。

（4）人才稀缺

目前在国内投行里的海外并购人才非常紧缺,因为市场稀缺,海外并购人才的身价也非常贵。所以,企业自身要找到合适的海外并购人才相当难。而且即使找得到,很多企业不见得能负担得起。有的企业只相信自己的国民和海外的华侨,当地公民不敢用不会用,人才本地化长期落实不了。很多经营风险都是基于传统思维和固有做法,不懂装懂,不懂不学。因此,大多数企业在海外投资,多数依靠投行协助。但依靠投行也有弊端,投行对企业的了解有限,企业的优势不一定能很好地发挥出来。

4）发展机遇

当旅游地产企业走入国际市场中,既带来了机遇也带来了挑战,我国的地产企业跨国并购已经取得了一些经验,但是也面临一些问题。这些问题成功解决,才能提高我国旅游地产企业的跨国投资、并购能力,并为我国的经济发展增添新的活力。

较国外的房地产企业而言,我国的房地产很多方面都不完善。中国房地产企业实行海外并购,可以促使我国房地产企业和国外房地产企业进行积极的沟通交流,学习国外房地产市场长久以来积累的经营管理开发经验。同时,对于我国政府来说,也是一个很好的学习国外房地产管理政策的机会,能够帮助我国政府在未来的房地产调控工作中采取更加准确成熟的政策措施。

5. 乡村旅游模式

1）概念

所谓乡村旅游,是以农村地区为特色,以农民为经营主体,以旅游资源为依托,以旅游活动为内容,以促进农村发展为目的的社会活动。乡村秀丽的田园风光,与城市截然不同的悠闲、自在的生活方式和安静祥和的生活氛围,是城市旅游者参加乡村旅游的主要动机之一。

乡村旅游是以旅游度假为宗旨,以村庄野外为空间,以人文无干扰、生态无破坏,以游居和野行为特色的村野旅游形式。传统的乡村旅游出现在工业革命以后,主要源于一些来自农村的城市居民以"回老家"度假的形式出现。传统的乡村旅游对当地会产生一些有价值的经济影响,现代乡村旅游是在20世纪80年代出现在农村区域的一种新型旅游模式,尤其是在20世纪90年代以后发展迅速。旅游者的旅游动机明显区别于回老家的传统旅游者。

乡村特色的小资源通过"聚沙成塔"发展成为乡村旅游,其除了得天独厚的自然和人文资源外,众多的山水花木、老屋街巷、民俗非遗、纵横阡陌、朴素的乡民,都是乡村旅游的星星点点"小资源"。这些小资源在营造、强化、保持乡村环境方面意义重大,它们所构成的乡村基本面貌是"高大上"的城市旅游资源无法取代的。人性温暖的乡村体验旅游,能够满足人性最本真的需要,让人们产生温润亲切的情感体验。乡村人文有对人们内心的浸润和无比包容,包括人居、人性、人际、人神、人天,暂统称为"五人"要素,具体就是乡民与民居、村落、山水、田园等实体产生的居住、交往、互助、劳作、守序、崇文、依赖等关系与情感,这正是乡村生活最大的吸引力之所在。

2）分类

（1）依据发展进程,我国乡村旅游大致可分为四代:

第一代是"农家乐"为主体的乡村旅游;第二代是以民俗村、古镇为代表的乡村旅游;第三代是乡村度假;第四代将是乡村生活,以提高人的生命质量为终极追求的形态和阶段,这将是居住和旅游一体,生活和工作融合的生命状态。

(2) 依据资源的类型,可以将乡村旅游分为:

① 景区依托型

在景区周边发展乡村旅游的模式,就是在深度依托景区品牌的基础上,依据景区的客源市场及本身特点深度开发乡村产品体验。充分调动吃、住、行、游、购、娱六大旅游要素,充分阐释乡村风俗风情,让开放式的乡村体验与封闭的景区观光形成鲜明的对比。

② 产业依托型

特色庄园旅游发展模式就是以农业为依托,通过拓展农业观光、休闲、度假和体验等功能,开发"农业+旅游"产品组合,带动农副产品加工、餐饮服务等相关产业发展,促使农业向二、三产业延伸,实现农业与旅游业的协同发展。

③ 历史文化依托型

古村镇旅游发展模式就是利用原有的古村镇旅游资源进行旅游开发,这也是资本比较青睐的资源。古村镇开发的重要前提就是保护先行,如乌镇的模式,即把乌镇当做景区打造,收取门票。古村落是大家的资源,是需要大家共同来保护的,要维护古建、保护历史文化的遗存,还要让传统手工艺的传者、继承人找到自己生存和发展的空间,这些都会产生很多的费用。

④ 民俗依托型

乡村民俗文化旅游是以乡村民俗、乡村民族风情、传统民族文化等为主题,将乡村旅游与文化旅游紧密结合的旅游类型。在少数民族风情浓郁的地区,经常采取的模式。

⑤ 创意依托型

创新艺术可以推动乡村旅游发展。目前很多村子都没什么特色,艺术是不分场所不分地点的,如陕西许村已经开始搞国际艺术节,据说就是一位摄影家偶然来到这里,发现这个村子环境很好,于是便住下来搞艺术创作,久而久之,这里慢慢地就形成了国际艺术公社。

⑥ 科技依托型

科技能够引导乡村旅游发展,这就带来乡村经济、农村产业结构的调整、转型、提升,可以用科技化的手法打造乡村经济。比如顺义的科技农业示范区,可以参观这里,也可以体验高科技与农业相结合的花卉的培育、配置等创意农业旅游。

3) 发展策略

国家发展和改革委员会会同有关部门共同研究制定了《促进乡村旅游发展提质升级行动方案(2017 年)》,其中提到争取 2017 年全国乡村旅游实际完成投资达到约 5 500 亿元,年接待人数争取超过 25 亿人次,乡村旅游消费规模增至 1.4 万亿元,能带动约 900 万户农民受益。乡村旅游正逐渐迈入旅游行业的前列,逐步成为城市居民日常休闲娱乐的一大选择,更是乡村脱贫致富、开放发展的一条有效渠道,也逐步成为名副其实的国民经济战略性支柱产业。因此从"三农"角度出发,乡村旅游受到农民、当地政府的重点关注;作为旅游投资商也应该抓住苗头,加足火力,将乡村旅游这把火点旺;作为旅游开发者,应该采用正确的开发理论和合理的经营和发展策略。

（1）市场以近及远

由于乡村旅游开发的广泛性和其游客群的近程性,乡村旅游市场多以周边自驾游市场为主。以苏州乡村旅游为例,本地游客占比一半左右、省内其他城市游客占五分之一左右、上海游客占五分之一左右,三者合计接近 90%。锁定区域市场,因地制宜地探寻不同区域市场的不同需求,针对性地提供相应旅游产品。如江南水乡的长三角客群有着骨子里的轻奢闲适,偏好文艺范、慢节奏;远居南粤的珠三角客群追逐欢乐好玩,成就中国主题公园策源地。

（2）品牌强化主题

随着乡村旅游规模的不断壮大,如何吸引市场眼球、给游客留下深刻印象,将是决定乡村旅游成败的重要因素。主题鲜明、极致化打造的项目,不仅能在市场上形成个性化特色且迅速传播,还能形成难以被复制的独特品牌。例如"薰之园"以香草为主题,可感受浪漫温馨的场景;"花开了农场"则以珍稀花草苗木为主题,可畅游由奇花异草编织的梦幻仙境。

（3）产品体验制胜

目前旅游进入大众休闲阶段,游客已不满足走马观花式的简单观光、被动接受导游解说方式,体验成为乡村旅游的核心。随着家庭游进一步成为旅游市场主力客群,乡村旅游的体验性、科普性产品越来越受青睐,亲子、师生的寓教于乐体验、乡间旧事民俗体验等成为旅游热点。水果采摘、喂养小动物、制作果酱等参与式活动,不仅提升了游客满意度,其体验过程中的快乐、成就感也有利于游客自传播——随手拍、随时晒。

（4）运营融入社区

传统乡村旅游开发中,由于保护居民利益的社团组织不完善,乡村旅游景区往往不属于传统村落管辖,造成村民与投资者、游客、甚至是村民之间的矛盾,破坏乡村和谐。因此,乡村旅游开发中需把握社区思维,重点关注村民,并充分整合社区资源,共同营造良好的旅游氛围。社区思维即通过重视村民,引入分享、生态、生活、共同富裕等新理念,让村民对家园建设有想象、有共识,提高村民参与度,重新释放农村社区活力。其典型代表为台湾桃米生态村、苏州西巷村、海南博学里生态村等。

4）发展中出现的主要问题

国内乡村旅游在过去 20 多年的时间里获得了飞速发展，"农家乐"数量激增，农业旅游示范点的建设如火如荼，乡村旅游区不断涌现，成为城镇居民节假日出游的重要选择。但是，乡村旅游在发展过程中也出现了不少问题。学者经过调查研究，对这些问题进行总结，发现其主要表现在：对乡村旅游认识有限、宏观管理力度不够、缺乏系统的营销策略等方面；园区设计简单重复，缺乏特色、资金投入不足、客源市场有限等问题；景观类型单一、重复开发建设明显、知名度不高；参与性不足、景点管理落后、服务质量不高、游客消费水平低、景点效益不高。

（1）产品退化

根据巴特勒的旅游生命周期理论，单项旅游产品大致会经历探索、参与、发展、巩固、停滞、衰落或复苏 6 个阶段。对于特定的乡村旅游产品而言，也是如此，不少早年开发的产品已经进入停滞期或衰落期。从总体上看，乡村旅游产品的老龄化趋势不断增强，部分乡村旅游产品在刚推出时具有较强的独特性和新颖性，产生了不小的市场影响力，但在多年之后，这些旅游产品基本上维持原状，新的旅游产品未见推出，老龄化特征十分明显。由于这些项目的主要客源市场基本不变，但是市场需求特征已经发生了急剧而明显的变化，在其他因素不变的情况下，乡村旅游吸引力降低、游客人次减少就成为必然结果。

（2）产品同质化

旅游经济是特色经济、差异经济、体验经济。对于乡村旅游产品而言，特色就是吸引力、竞争力，也是生命力。通过横向比较，乡村旅游的区域特色越来越不明显，产品同质化现象日趋严重。各地推出的乡村旅游产品基本相似，主要包括"农家乐"、果园采摘、科技示范、田园观光、民俗体验、森林康体、湖泊休闲等。在一个较小的区域内，旅游产品的同质化趋势更为严重。除了历史积淀形成的地方特产和民间艺术之外，多数旅游产品都可以被轻易地复制或超越。当这些内容大致相同且季节性较为明显的乡村旅游产品面对同一市场，特别是出游习惯和时间较为一致的客源市场时，竞争就变得无可避免，并且较多地表现为恶性竞争，在个别地方胜出的同时，市场秩序和服务质量均受到影响。

（3）层次初级化

按照所对应的需求层次的不同，旅游产品可以分为基础型（观光娱乐）、提高型（休闲度假）和专项型（特殊目的）。有的学者把乡村旅游产品分为观光产品、体验产品和认知产品，也是根据不同层次划定的。一般而言，乡村旅游产品的层次越高，满足的需求等级也就越高。游客的旅游动机越强烈，停留时间和综合消费水平也相对较高，旅游资源的价值也可以得到较为充分的体现。但是，很多地方的乡村旅游至今仍停留在"农家乐"的初级层次上,只发挥了乡村餐馆的功能。给游客提供的只有棋牌麻将和农家餐饮服务,游客停留时间和消费内容受到限制,该类消费也容易被其他多种多样的餐饮形式所替代。有些地方虽然开发了其他旅游项目,但也多是村寨与田园观光、蔬菜与水果采摘、垂钓与登山运动等特色不突出、体验不深入、收益不明显的产品。总体上看,游客需求强烈、综合效益好的高层次旅游,比如参与体验型、休闲度假型、教育认知型旅游产品,开发现状很不理想,影响着乡村旅游转型升级、效益提升和功能发挥。

（4）民俗文化出现舞台化、商品化、庸俗化的倾向

为了发展旅游业,旅游地为了满足旅游者猎奇的心理,急功近利甚至一味迎合游客,把一些地方民俗文化特色的东西任意移植仿照,使民俗文化失去其赖以生存的文化底蕴,舞台化明显,甚至出现"伪民俗"。

（5）乡村文化的独特性逐渐消失

旅游地的文化传统遭到异地强势文化的冲击和同化,地方文化的独特性逐渐消失。随着交通的改善,地理的封闭性被打破,旅游地文化的独特性也必然受到冲击,这使得民俗文化的独特性削弱。

（6）利益分配不公平阻碍

由于民俗文化、乡村旅游在发展时的重点是招商引资,缺乏统一的机制平台协调各方利益,分配机制不公,导致社区参与不够,居民积极性不高,甚至存在抵触情绪,阻碍了旅游的长期健康发展,也不利于乡村文化的保护和发扬。

5）面对以上问题,开发乡村旅游应及时采取以下措施:

（1）转变观念,统一思想

过去,认为旅游只是自然风景和名胜古迹的"专利",乡村旅游资源不被重视,因而对开发、发展乡村旅游特别是农业旅游不屑一顾,旅游资源的开发建设老是在风景名胜和文物古迹及其衍生出来的人工微缩景观上做文章,或重复建设,或修修补补,不求开辟新天地。旅游开发者的思维深受"观光旅游"的束缚,缺乏开拓思想和创新意识。因此,有关部门应转变观念,统一认识,树立新的旅游资源观,将我国旅游开发的重点逐步转移到发展乡村旅游上来。

（2）投资主体多元化

乡村旅游的开发相对大型旅游度假区的开发建设而言,其所需资金要少得多,但乡村旅游资源的开发范围广泛,总体上来说,也需要不少资金。对于那些资源条件好、级别高的重点项目,应充分发挥政府主导作用,由国家牵头,联合一些经济实力和管理能力强的企业或私人入股,走股份制或股份合作制的道路;大力提倡和鼓励外资、国有企业、私有经济单独或合作开发,也鼓励农民个人或联合开发。总之,要多渠道、多层次、多种形式筹集资金,本着"谁投资,谁受益"的原则,

走"滚动发展"的路子。

（3）合理规划，科学发展乡村旅游资源的开发

应对旅游地的区位条件、资源特色、生态环境、社会经济及客源市场等进行认真和翔实的调查与评价，并以区域旅游经济开发及系统生态学理论为指导进行合理规划和科学开发。决不能不顾客观实际和旅游市场规律，盲目上，拖着上，各自为政，重复建设。各地应在国家旅游业发展总体规划的指导下，做好详细规划和开发工作。旅游主管部门应对各地乡村旅游的开发工作提供指导并实施监督，确保旅游开发合理有序地进行。以市场为导向，开发特色产品。乡村旅游的开发也应遵循市场规律，根据旅游市场需求情况，开发出适销对路的产品。同时，要注意旅游产品的特色性，以增强其吸引力，特色是旅游产品生命力的所在。当前我国乡村旅游应加强休闲娱乐、民俗风情"绿色产品"等特色产品的开发。

（4）加强环境保护和教育，促进乡村的可持续发展

乡村旅游地在规划设计时，必须进行环境影响评价（EIA）和环境审计（EA）。确定合理环境承载力和游客容量，预测旅游开发对环境的影响和所承担的风险，确定"生态经济适合度"，并在此基础上采取适当的环保措施。可选择一批各方面条件都很好的旅游地实施 ISO 9000 和 ISO 14000 认证，使之与国际接轨，创建国际知名的乡村旅游胜地[126]。对旅游开发者和经营管理者实施"分级"评定，以确定其是否具备开发经营的能力和权利。设立"公众教育馆"，对旅游者进行生态环境保护教育，培养其生态学人格。要大力提倡和开展生态旅游，园内交通建议均采用马车或人力车，改烧煤、烧木材为烧沼气、用电，尽量使用当地生产的绿色产品，环卫工作应有专人管理和清扫，生活垃圾实行分箱收集并统一处理。对破坏环境的游客应给予一定处罚，如让其清扫垃圾、干一些农活或处以罚款。同时在部分乡村旅游地建立"生态定位站"，对旅游活动对乡村生态环境变化的影响进行定位监测。良好的生态环境是实现我国乡村旅游业及其社会、经济可持续发展的重要基础。

（5）加大宣传促销力度

国家旅游局针对国内外旅游者"回归自然"的热潮，曾推出"1998 华夏城乡游"和"1999 生态环境游"，我们应抓住这一美好的历史机遇，大力宣传和推销乡村旅游产品，同时还应建立乡村旅游与城市旅游组织、城市饭店、度假区之间的联系，加强城乡之间、区域之间的合作与联合促销，重视乡村旅游信息网络的建设，力争使我国旅游业再上一个新台阶。

（6）加强卫生和安全工作

由于多方面的原因，现阶段我国城乡居民在生活方式、生活水平及卫生习惯上还存在一些差异。在乡村的一些地方，基础卫生条件还比较落后，因此应加强

卫生工作。对旅游地和接待食宿的农户家的厨房、餐具、卧室、浴室、厕所、用水及公共娱乐场所进行杀菌消毒处理。乡村是社会治安力量较为薄弱的地方,有些犯罪分子利用乡村人口密度小、农户稀散、部分游客分散住宿的特点伺机作案,抢劫谋害游客,因此应加强乡村旅游地的治安工作。

(7) 加强法治建设和管理,做好领导、组织和协调工作

为了实现乡村旅游的健康发展,应制定有关法令法规,做到有法可依,有章可循,使乡村旅游发展步入法制化、规范化的道路。可成立乡村旅游协会,制定有关章程,对乡村旅游活动进行指导和监督。市民与农户之间租赁土地时,必须订立详细的合同并认真履行,避免发生纠纷。由于风俗习惯的差异,城乡居民在交往过程中可能会产生一些"摩擦"或误解,各地旅游部门、乡村旅游协会及乡政府、村民委员会应加强对当地旅游业的领导、组织和协调工作,以增加城乡居民的了解和友谊。

总之,乡村旅游作为近年持续热点,新业态、新模式层出不穷。面对风起云涌的社会新趋势、经济新常态、参与新组织,乡村旅游新兴区域需在追求文化、创意过程中,更加关注市场理性、乡村旅游本质,以实现综合效益和可持续发展。

6. 旅游地产＋体育模式

1) 发展背景

体育和旅游都是国家层面关注的热点,近年来国家层面出台了一系列文件推动体育和旅游的发展。在体育领域,2010 年出台了《关于加快发展体育产业的指导意见》(国办发〔2010〕22 号),2014 年出台了《关于加快发展体育产业促进体育消费的若干意见》(国发〔2014〕46 号)。特别需要提出的是,在这些文件中,都以不同的表述方式提到了发展体育旅游的问题,同时也把体育旅游作为体育和旅游两个部门工作的增长点和亮点。正是在促进体育旅游融合发展精神的指引下,2016年 5 月,国家旅游局和国家体育总局专门签署了《关于推进体育旅游融合发展的合作协议》,提出了未来两个部门在体育旅游领域联动发展的一揽子构想。

全国许多地方也在探索体育旅游发展方面做了很多有益的尝试。上海、浙江、安徽、广东等省(市)已经推出了促进体育旅游发展的政策文件和工作举措。像浙江的富阳、安徽的黄山、深圳的大鹏新区等地,体育旅游产业已经成为当地经济发展的重要组成部分,并展现出良好的发展前景。

2) 概念

体育与旅游地产的融合,是引进以运动健康、文化教育、旅游度假为主的体育项目和配套设施,并把体育休闲旅游作为新的开发题材整合到商业地产中,以休闲化消费人群及就业人口的聚集为目的,在休闲娱乐层面实现体育与商业地产的结合,构建一个产城融合的综合开发结构与运营模式,进而提升商业地产区块的

核心竞争力。通常依靠当地的自然环境、文化资源等优势,使房地产与体育最大程度上实现融合,或是在城市边缘地段开辟新的体育环境和房地产项目,带动周边地产的滚动开发。

在产业开发上,体育社区应以体育产业链的整合为主,发展"体育+",打造赛事、体育休闲项目等吸引点,融合高科技元素强化服务,推动体育用品的供应,最终将体育与制造业、科技、文化、旅游等有机结合,形成以体育产业为核心,以体育旅游、体育影视等为特色,以体育产业服务为有效延伸的产业发展体系。

在整体开发上,要依托资本的力量。国外经验表明,山地户外、水上运动、冰雪运动和高尔夫运动等占整个运动休闲市场的80%,而这些产业的发展,离不开高质量、高水准的软件硬件服务。如果没有资本进入促成体育旅游市场升级,体育旅游产业化发展将遥遥无期。因此,体育产业与资本市场必须打通,资本的介入、从业者的创新思维是让中国体育旅游实现产业升级的关键。

在运营上,体育特色社区应实现以企业为主体,政府服务,政府负责定位、规划、基础设施和审批服务,引进民营企业建设体育特色小镇的运营模式。对政府而言,通过体育与景区的双轮驱动,践行全民体育、全民健身的理念,最终推动地区产业发展。对于企业而言,在基础设施建设、运营管理多方面实现收益。

3)国内外体育特色旅游地产呈现出的主要特色

(1)以单项体育活动或赛事为核心

结合地理区位特征或地方体育产业特色,打造单项体育活动项目的产业集群和产业生态链的体育类特色小镇。如新西兰皇后镇聚焦户外运动、法国沙木尼体育旅游小镇发展滑雪特色运动等。

(2)体育产业融合新城区建设

创新一批体育类项目和设施带动小镇建设。特色小镇兼具除体育产业以外的文化、旅游、养生等其他功能,实现生态、环保、养生、宜居的属性。如北京丰台足球小镇、浙江银湖智慧体育产业基地等。

(3)引入体育类企业建设运营

参与特色小镇建设企业根据既有资源优势,谋划体育类主题创新,定位体育和旅游等产业融合,集聚资源,组合项目,创新驱动,实现企业成长和体育小镇经济的可持续发展。如河南登封嵩皇体育小镇、浙江德清莫干山"裸心"体育小镇等。

总之,体育社区除居住生活区和运动场所之外,还具备养生服务、休闲商业和生态公园等配套功能。大型体育社区通常还包含为重大体育活动提供的公共体育场馆和配套设施,可以承办高水平赛事,成为当地体育展示的重要窗口。例如深圳观澜湖高尔夫地产拥有亚洲最大、中国唯一72洞高尔夫球场、豪华会所、五星级酒店、乡村俱乐部、大卫利百特高尔夫学院、高尔夫别墅等。万达长白山国际滑雪场以世界级旅游度假区为依托,配以高端星级品牌酒店:柏悦、凯悦、威斯汀等,形成规模庞大的奢华酒店群落,并配置了度假小镇。旅游地产＋体育模式是一个覆盖面极广、项目众多、资源分散、形态各异的运营模式。

4）发展中存在一系列问题

目前中国体育旅游产业方面仍存在一些问题,包括整个体育旅游产业服务能力和需求之间的差距,包括顶层设计的不完善以及相应政策的不合理。体育旅游产业这个平台的服务效率、整体信息化程度、经营者整体实力和能力的有待提高,需要从综合方面对整个体育旅游做一些突破性的改变,才能够使整个体育旅游取得一个爆发式增长。在社会心理预期情况下,实现良性增长。

（1）优质产品缺乏

体育旅游在产品供给层面存在着巨大的挑战。体育热、马拉松热是近年才兴起的,出境观赛也是近年来才渐成规模。在这之前,体育旅游的需求并不旺盛,所以对应的供给层面缺乏丰富的产品,也缺乏优质的产品。可以说产品的"量"和"质"都严重不足。一些大型旅游集团的体育旅游起步也比较晚,近年来才有所发展。小型体育旅游创业公司受限于现有的用户人群,新产品的拓展也很受局限。

（2）渠道错位,供给未能准确对接需求

传统的旅游产品生产商和渠道商所辐射的人群并非是精准的体育旅游参与者,并且体育人群的需求也未被真正解读。目标人群在俱乐部、协会、微信群,还是各种垂直社区？ 如何准确地 Touch 到他们,又如何为他们打造真正需要的产品,是体育旅游的生产者和渠道商需要重新审视的。

（3）消费者消费体育旅游产品未形成习惯,尚处于猎奇阶段

新兴事物出现后,一定有一拨跟风、尝鲜的人群。其中有多少能够转化为忠实的、产生复购行为的用户？ 有多少购买行为仅仅出于猎奇心态,仅仅是一次性消费？ 体育旅游业者既要利用猎奇人群这种心理实现成功的营销,同时又要留住有重复购买意愿和购买能力的用户,对于目标客户群的重新认知是一个不小的挑战。

（4）缺乏专业化服务,对于体育内容理解程度低

传统的旅游业者,对于体育旅游理解较浅,很多所谓的"体育旅游"产品仅仅是在旅行中安排一次观赛,或者参与一次当地赛事。产品生产者本身就不是体育旅游的用户,对于用户需求的理解度和把握度都很低。市场又处于刚刚发展阶段,整体服务经验缺乏沉淀,自然很难提供专业化的服务。

（5）供应链整合难度高,对于资源端掌控能力弱

对于传统旅游业者来说,如何获取优质的体育赛事资源（比如门票）,成为一

个不小的挑战。本身优质、热门赛事的门票就是稀缺资源,赛事方的一些赛事相关资源以及增值服务(如深度观赛配套服务)更是只给到信誉良好且有长期合作历史的服务商。如何将目的地的优质体育资源整合起来,从获取资源到打包成产品,对于体育旅游的业者都是难题。

(6)生产、运营销售效率普遍低下,信息化水平低

首先,旅游、体育行业整体的信息化水平有待提升;其次,体育赛事资源的信息化对接,跨境、跨平台的资源信息化联通都有相当高的技术门槛,以至于目前大多数业者还是以手工或半手工的方式生产体育旅游产品。

5)主要发展策略

在体育特色小镇探索开发过程中,以体育产业与其他产业的整合、就业人口及休闲化消费的聚集、配套设施及服务的基础为依托。体育旅游地产项目建设以体育产业链的整合为主,利用各种资源,突破原有的项目推进和开发时序,将后期导入前期,在进行策划规划设计的同时,引入后期的建造、成熟项目、营销、管理、服务、投融资等资源,提升相关项目的有效落地。在建设过程中,体育特色小镇的关键在于体育产业的培育,可以根据体育产业的相关特性进行延伸。

(1)增加体育旅游地产产品供给

体育旅游地产是否有特色、产品是否能够适应市场需求,是体育旅游地产发展成功与否的决定性因素。只有根据市场和消费者需求及时调整,做到"旅游+体育"的多元化和深层次,才能在激烈的市场竞争中赢得优势。

目前,行业内对体育旅游的深度研究较为缺乏,产品供给结构性短缺,难以有效满足广大消费者在体育旅游方面的需求。为此,旅游行业、企业应着重改善供给,提供更多热门体育旅游产品,同时要有创新精神,让旅游和体育实现更高程度融合,以增加旅游本身的刺激性、趣味性、观赏性、参与性、体验性。

(2)打通体育与资本的链条

国外经验表明,山地户外、水上运动、冰雪运动和高尔夫运动等占整个运动休闲市场的80%,而这些产业的发展,离不开高质量、高水准的软硬件服务。如果没有资本进入促成体育旅游市场升级,体育旅游产业化发展将遥遥无期。因此,体育产业与资本市场必须打通,资本的介入、从业者的创新思维是让中国体育旅游实现产业升级的关键。特色体育小镇的投融资规划就是重中之重,小镇的开发建设,关键是把控好"投、融、营、退"四步结构,掌握好"六大收益模式"。四步结构,即:投资的时序与规模控制、融资的对象与政府扶持利用、特色产业与旅游的运营专业化导入、资金与资本的适时适度退出安排;六大收益模式,即工程收益、地产收益、房产收益、旅游收益、特色产业收益、资本收益。这是特色小镇开发投资的核心模式设计。

（3）体育特色小镇的运营模式

体育特色小镇应实现以企业为主体，政府服务，政府负责小镇的定位、规划、基础设施和审批服务，引进民营企业建设体育特色小镇的运营模式。体育特色小镇的项目建设，要通过要素整合和资源整合，突破原有的项目推进和开发时序，导入成功的结构，将后端导入前端，从前期的规划设计导入到 EPC 导入、运营导入以及投融资导入，最后形成整套的运营模式结构，从而为旅游体育特色小镇开发建设及落地运营提供全产业链整合服务，提升相关项目的有效落地。

7. "超旅游"模式

1）概念

传统意义上的旅游是指有景区或主题公园，可以让游客来进行观光、游览、娱乐。如今依山傍水建一个度假村，就会源源不断地引客来吗？未必。未来的旅游地产，不仅要能给游客提供多层次、复合型的旅游资源和产品，还要满足游客参与众多个性化体验的需求。旅游的概念已不仅仅是观光、游览了，它已经拓展到吃、住、行、游、购、娱、休、养、学、住、商、体、动的许多方面，从人的感觉上而言，已从传统的听觉、视觉方面拓展到味觉、嗅觉、感觉、体觉、超觉、物觉、意觉、养觉、商觉、学觉等方方面面。在互联网时代、新媒体时代、体验经济时代、模拟经济时代，现代旅游已进入全方位、全过程、全内容、全体验、全领域、全感觉的"超旅游"时期。

"超旅游"，是指超出观光、休闲、度假等传统旅游概念的更加泛化的旅游产业概念，是为人们提供具备趣味性、艺术性、知识性、刺激性等特性的体验消费的一系列产业的总称，其内容包括运动、康体、娱乐、会务等，产业链连接到餐饮、酒店、商业、农业、运输等。以旅游为主导，由旅游带动或与旅游活动相关的上下游产业和横向相关产业组成的产业体系与产业群体的聚集与集成，其中包括旅游核心产业、旅游相关产业和旅游支持产业三方面。

2）类型

超旅游发展的类型是多种多样的，与常规传统旅游发展类型既有共通之处，也有很大的差异。超旅游一般是利用非固定的旅游资源来进行开发的，这种旅游资源是无形的、动态的，而非有形的、凝固的；而且这些资源经过培育是可以成为区域性的乃至国际性的，如果开发成功，能够在短期内迅速带来巨大的效益，快速实现区域产业化。总结我国已开发和准备开发的超旅游活动，主要有以下几个类型：

（1）节事型

节事型超旅游形态是指利用各种具有区域或国际影响力的节庆活动和体育赛事为主题，以此为契机，在区域内围绕该主题由政府主导对基础设施和服务设施以及公共设施进行投资建设，利用节事活动进行强大的宣传营销，使得该城市的知名度、美誉度迅速提高，从而优化投资环境，吸引大量人流进行消费，促进该区域经济的发展。待这些节事结束后,将举办节事时所遗留的设施转化为旅游景区或景点或旅游设施,从而实现由商贸向旅游转变。大量实践表明,成功的节事活动能够极大地持久地拉动区域产业经济发展。比如辽宁大连、山东潍坊、广西南宁、广东广州等区域性城市,原本旅游资源并不丰富,旅游资源的美誉度、知名度、珍稀度也很低,如果采取常规的旅游发展思路开发观光旅游、度假旅游、主题园之类进行开发的话,其旅游发展不会得到多大的进展,甚至可能是连连亏本。但是通过举办国际性的服装节、风筝节、民歌艺术节、交易会等,在短时间内便成为国内外著名的旅游城市,并且带动了其周边市县的旅游发展,形成了环渤海旅游圈、大南宁旅游圈等,实现了区域旅游的超常规发展。

(2) 会展型

会展型超旅游形态就是借助国际上已具有相当影响力或者由国际组织或民间组织形成的能够吸引大量客流的国际性会议或展览会,以此为核心,构建相应的产业链,形成区域产业群,成为一个区域经济发展新的增长极,通过该会展,吸引强大的客流、物流、信息流和资金流,从而带动区域旅游发展的一种旅游形态。世界各国或地区通常利用举办这些会议和展览的机会,把会展活动和旅游活动有机结合在一起,使参加会展的代表(客商)和参观会展的受众在会展活动之余的兴趣转移到当地的旅游资源上来,从而为当地旅游业创造更大的需求并带来巨大的效益。如今,会展业的高度发展已为旅游业带来无限的商机和广阔的发展空间。参与会展活动的各主体对会展目的地构成了一个潜力巨大的旅游市场,许多国家和地区已成功地将这些潜力巨大的旅游市场转化为现实的旅游市场,取得了显著的业绩。近几年来,北京、上海、大连、广州、昆明、南宁等城市多次举办了大型国际会议或展览,如南宁东盟博览会、昆明世界园艺博览会、广州交易会以及 2008年北京奥运会、2006 年杭州世界休闲博览会、2010 年上海世界博览会等。这些会展在展览会期间所吸引的巨大客流以及其后续波及效益,极大地带动了当地的旅游业发展,也带动了当地区域间的房地产业、休闲产业、商业、城市旅游、农业、工业、服务业等产业的发展和优化。

(3) 休闲产业型

休闲产业型超旅游形态是指利用现在迅猛发展的休闲产业市场,为了满足市民和游客的需求而大力发展休闲产业,使休闲产业独立地成为该区域新的经济增长点,以此促进和拉动该区域的旅游发展。桂林和杭州就是著名的例子。透视传统的著名国际旅游目的地桂林、苏杭、北京等发展旅游的历程,不难发现,传统的以旅游为主导产业发展区域旅游经济已经很难再有新的突破,必须根据市场的变化而采取新的发展策略,现在我国已逐步进入休闲时代,国民平均每年法定休息日约达 115 天,休闲消费必将是未来消费方向,在这种前提下,苏杭、桂林、北京等传统旅游目的地开始突破旅游思维,纷纷通过发展休闲产业来带动和促进旅游发展,突破传统旅游的樊篱,加大力度发展休闲产业。比如杭州利用2006年举办世界休闲博览会之机,建设了休闲产业园、休闲产业带和众多的休闲景观以及相应的休闲行业。而桂林在近几年里,也紧抓机遇,大力发展休闲度假旅游,借助"显山露水、拆墙显绿"大规模的城市改造之机,加大了城市休闲基础设施和环境建设。桂林发展了保健康养业、文化娱乐业、餐饮业、体育休闲业,并加大力度开发了桂林城郊乡村旅游、桃花江休闲度假旅游区、愚自乐园、两江四湖环城游憩带以及大桂林旅游圈辖县的阳朔乡村旅游、阳朔西街、阳朔世外桃源、印象·刘三姐、兴安乐满地休闲度假世界和乐满地休闲娱乐主题园、荔浦龙怀世界华商大会商务休闲景区、龙胜温泉休闲度假区等,促使桂林的休闲旅游得到了迅猛发展,极大地促进桂林旅游的发展。

（4）论坛型

论坛型超旅游形态是指利用国际政府组织或国际非官方组织持久地定期举办的国际性或区域性各种论坛,并将论坛会址永久性地固定在某地,借助该论坛所吸引的巨大人流促使该区域成为著名的旅游胜地的一种非常规旅游形态。这种超旅游形态需要的条件非常苛刻,而且是否能够取得成功取决于该论坛的影响力和国际参与度,海南博鳌亚洲论坛就是如此。博鳌是海南省琼海市一个平凡的小渔镇。由于2001年博鳌亚洲论坛落户于此,并成为永久性会址,加上博鳌亚洲论坛连续几年来所取得的巨大成功,使该镇一跃成为世界闻名的旅游目的地。并且借助博鳌亚洲论坛,海南的旅游实现了巨大的飞跃,海南成为国际会议度假的旅游胜地。论坛还极大地带动和辐射了海南省的房地产、商贸、娱乐业、度假业等第三产业的迅猛发展。

（5）商贸型

商贸型超旅游形态就是通过建设区域性商贸集散基地或生产基地,或者定期举办商业贸易会,形成巨大人流,这些人流往往是收入高的商人,消费能力强,对促进区域高层次的旅游发展具有巨大的潜力。比如浙江义乌作为全国最大的小商品集散地,每天至少有4万人次到该地进行商品交易。义乌市本身旅游资源丰度和美誉度及可观赏度并不高,如果按照常规的旅游进行开发,显然很难达到预期效果。但是,通过发展小商品贸易所带来的人流,义乌市及其周边的旅游市场得到了极大的发展。

3）超旅游的产业特征

（1）政府主导

超旅游是在区域间才能实现的,发展超旅游必须要有强大的协调、信用、资金支付的组织才能完成,这个必须由政府层面来解决,因此,政府在发展超旅游行为中居于主导角色。从争取举办(建设)权、落实举办(建设)的各种任务、协调各部门之间关系、建设各种基础设施和服务设施、营造良好投资环境等,都离不开政府的主导,这是超旅游最大的特征之一。比如举办北京奥运会、东亚运动会、杭州休闲博览会、南宁东盟博览会、博鳌亚洲论坛、广州广交会等,都是由有关政府部门来落实与实施的。

(2)高投入高产出

超旅游由于能够迅速提高区域知名度,短期内带来巨大的效益,并且能够容易以此形成一个产业集群,成为带动区域经济发展的一个新的经济增长极,因此,引起各级政府的高度重视。然而,它也是一个高投入、大风险的产业,要举办或建设好超旅游需要配套许多投入高、回报周期长的基础设施和服务设施。诸如北京奥运会、南宁东盟博览会、博鳌亚洲论坛等,在基础设施和服务设施上都是倾全市乃至全省财力进行投资的。政府却以此契机达到了改善投资环境、争取到众多投资项目,建设了众多产业园,形成新的区域经济增长极和拉动区域经济之目的。如1996年云南为了迎接世界园艺博览会就投入了200多亿元。

(3)强大的产业集聚效应

弗朗索瓦·佩鲁的增长极理论认为:区域经济发展必须形成增长极,通过增长极效应的拉动,实现整体推进。由于超旅游具有超前拉动的产业与市场特征,加之超旅游只能在区域中心城市进行,能够对周边卫星城市进行辐射,因此能够有效发挥中心城市和旅游业的复合增长极以及形成的扩散极所具有的强力支配、创新及连带效应。如北京举办奥运会,不仅能够拉动京津唐地区经济的发展,而且能够对环渤海和长三角地区都有着极大的辐射作用。

(4)区域性与差异互补性明显

超旅游选择的载体必须具有很明显的差异性和区域性,并且能够在区域内形成互补性。也就是说,不管是超旅游选择的主题还是超旅游所落户的区域,都具有区域性和差异互补性。正是这种区域性与差异互补性造就了超旅游所能够形成的产业集聚效益。比如南宁东盟博览会、北京奥运会、博鳌亚洲论坛等都具有很强的区域性。而浙江义乌小商品集散地之所以能够成为全国最大的小商品集散地,是因为它处于长三角地区,那里生产的各种小商品没有一个集中的地方进行交易,义乌正好利用这个区域差异和互补的特点,建立起了全国最大的小商品集散基地,一举取得成功。

(5)各产业之间很强的融合趋势

融合之后的产业结构将形成很高的附加值和溢出效应。超旅游产业通过提供具备吸引力的体验内容结构,吸引人们聚集,从而产生极大的区域聚集和经济带动作用,往往会带动一个区域的城市化进程,形成游憩区、度假区、会展区、娱乐区、步行街区、购物区及旅游小镇等,推动区域型旅游地产和商业地产发展。从经济运行的角度,超旅游可看作"出游型消费经济"。在以"出游行为"作为前提的条件下,所有的消费经济通过相互融合,构成了巨大的消费经济构架。因此,超旅游被广泛用作提升城市功能、推动城市经营的有效手段。而且,即使满足了硬件环境,把游客留下来后,考验的还有服务、管理等软实力。不少开发商在介入旅游地产后,对服务提升和生态保护置之不顾,有的还将景区分割,将公共资源变为私有,用于高档住宅和别墅项目的开发,这些现象不可取。

4) 迪士尼案例分析

迪士尼在其不断发展过程中已经形成了独特的超旅游模式。首先,迪士尼集团的支柱产业是动漫影视制作,也是其产业链发展的源头。其次,迪士尼乐园将动漫影视作品中出名的动画人物、故事场景等融入主题公园的"体验式娱乐活动"中。再次,随着媒体科技的进步,迪士尼公司将业务拓展到媒体网络,给迪士尼产业带来了更为广阔的市场。最后,迪士尼的产业链还包括它的特许经营与衍生消费品,该部分收入是产业链中最稳定的部分。虽然目前迪士尼在中国仅有衍生消费品这一业务,包括百货专柜、专卖店以及综合店等,出售各种卡通形象玩偶,但随着迪士尼乐园在上海稳定发展,其整个超旅游的产业链将会更快扩张。

5) "超旅游"在实践中出现的问题

"超旅游"在一个小旅游区或旅游景区景点内是无法实现,它的发展必须是在区域范围内才能实现,因此,超旅游的发展会受到多方因素的影响。全世界范围有不少此类项目无法实现。2011 年,越南曾打算建一座面积东南亚最大的主题乐园,面积达 1 000 公顷。乐园计划纳入迪士尼乐园和环球影城,乐园原本预计在 3 年内完工,于 2014 年开园营业。然而转眼到了 2017 年,这个乐园还是没有对游客开放。园内许多未完成的设施被放弃了,这个烂尾乐园部分地区已成为当地养牛场[127]。通过对北京、上海、广州、杭州、昆明等发展超旅游项目的城市研究,可发现如今中国的旅游发展状况并不能完全满足超旅游的发展要求。

(1) 资金需求大

项目的综合内容多、复杂程度高,对资金的需求十分突出,再加上各超旅游项目有很多机构的平行和交叉,带来了更多的管理和协调费用。虽然会组建一个旅游协作会性质的共同管理机构,但各产业的无缝衔接很难实现,特别是资金需求的完全匹配,对开发商、地方政府的经济实力、融资能力都是极大的考验。

(2) 联合开发难度大

旅游的发展经常在联合开发线路、联合促销等方面达成协议,但是在区域范围内却难以组织其权威性的整体旅游规划。由于对超旅游资源的开发利用缺少总体规划与分工,各地区对旅游资源的使用各成体系,景点的建设没有很好衔接,常出现重复,造成旅游资源配置的不合理甚至浪费。另外,由于各地区对区域性资源的分割使用导致各区域性资源、各领域产品的整体特色无法体现,直接影响到总体旅游产品体系的形成。

（3）产品与技术尚不成熟

超旅游产品是综合型的设计,其技术含量要求比较高。然而在现有的部分产品中,只有好的概念,套上简单形式,未能真正实现超感官体验。另外,其相关的配套服务可靠性能不理想,所以不能及时、准确地满足顾客的需求。技术方案选择时存在考虑不全面的情况,有的方案设计效果不错,技术上需要各专业、各部门配合,然而实际上相关配合很难跟上,从而导致顾客的不满。

（4）内部竞争无序

超旅游项目相当于一个大市场,小项目与小项目之间的联系通常是通过市场进行的,但是,由于各项目间在旅游资源共享、旅游基础设施共享、旅游客源市场共享等方面会出现"伪合作"的倾向,常会为了各自利益发生争夺客源、争夺资源的恶性竞争,使原本就难以统一的市场发生混乱。

（5）协调整合难度加大

超旅游协调发展,不仅是协调主体数量上的增加,而且是协调主体结构上的复杂化、差异的扩大化。由于参与超旅游的各个类型在地理环境、资源、历史基础的要求上都千差万别,发展目标和发展战略均不相同,因而其在旅游协调中的心理状态、利益驱动、价值取向、政策措施等难于完全协调一致,从而导致协调成本上升,合作难度加大。

（6）建设缺乏相应人才

超旅游项目包含了丰富的现代信息技术,其管理与服务模式与传统旅游区有很大不同。某些重要岗位不是一般人员通过短时间培训能够胜任的,所以管理与服务机构特别是技术服务中心与物业管理中心需要配备高素质的技术管理及业务办理人才。通过高素质的人才,保障旅游软、硬件资源最大限度地发挥作用,避免不必要的损失。现有管理人员、技术人员、服务人员的技术素质亟待提高。

超旅游本质上是多方利益的协调,以往的旅游规划只看重空间、产业、生态环境和设施的建设,而忽视了各类利益的协调、内部各行为主体的关系,而超旅游是各类型、各专业、各种体验的大集合,难度加大,这就需要全方位的协调。因此,各利益共同体管理机制的构建,才能从根本上协调超旅游各部门、各地区的旅游利益、发展问题,才能真正实现超旅游的成长。

6)"超旅游"的发展策略

（1）企业要打造核心竞争力

各个超旅游企业应该着力挖掘各自的历史渊源和独特文化,确定各自的目标市场。在规模经济能力、产品差异能力、文化战略能力方面加以提高和深化,以增强核心竞争力。另外,超旅游企业还要加强权威机构对项目的可行性研究和市场分析。在体制改革与经济发展过程中,必须有一批熟悉行业和旅游目的地状况、专门研究旅游业生产与经营、了解技术进步与革新的专家,对建设项目进行论证与分析,提出合理化的建议,以提高超旅游企业投资和开发的前瞻性、科学性。

（2）建立有效协调机制

建立旅游发展的协调机制,可以以高层联席会议、轮值主席制度等形式加强沟通和协调,制定共同行动准则,解决旅游发展过程中政府公共服务和管理等方面的问题。同时,研究地区间统一的财政税收政策、市场政策,尽可能统一标准,为旅游企业创造公平竞争的市场环境。此外,为了更好地促进整合功能的形成,可以在区域内成立旅游协调发展委员会,使区域内旅游业发展真正做到统一规划、统一开发、统一营销、统一管理。

（3）政府行为应发生变化

地方政府应集中于基础产业、基础设施、培养旅游市场的建设,并通过制度创新来消除市场发展的障碍,冲破市场封锁。最后,地方政府要为社会提供服务,为旅游企业生产经营提供良好的外部条件。

综述,针对不同的需求,各类地产商在尝试不同的"旅游地产＋?"模式,至今还没有某种结合成为普遍认可的模式。此次调查大家对于旅游地产与其他产业、领域合作前景的看法,依次是:大健康、文化演艺、旅行社、电影、全产业链、体育等。中国社会普遍存在养老问题,老百姓都很关注,但是如何更好地将旅游地产和养老结合还需要漫长的探索;而与文化、旅行社、电影产业的合作,国外有不少经验可以借鉴,国内也发展了一段时间,一段时间的磨合后应该会有比较成熟的经验推广;旅游地产与全产业、体育、海外投资等其他产业合作,在国内和国外都属于尝试阶段,难度和风险都较大。

二、新服务模式

1. 概况与概念

"社区"当之无愧成为近几年最热门的词汇之一。在意识到社区"O2O"的发展模式后,各种类型的企业都加入了分食这块"大蛋糕"的行列。智慧社区是社区管理的一种新理念,是新形势下社会管理创新的一种新模式。智慧社区是指充分利用物联网、云计算、移动互联网等新一代信息技术的集成应用,涉及智能楼宇、智能家居、路网监控、城市生命线管理、智能医院、票证管理、家庭护理、食品药品管理、个人健康与数字生活等诸多领域。把握新一轮科技创新革命和信息产业浪潮的重大机遇,充分发挥信息通信(ICT)产业发达、RFID相关技术领先、电信业务及信息化基础设施优良等优势,通过建设ICT基础设施、认证、安全等平台和示范工程,加快产业关键技术攻关,构建城区(社区)发展的智慧环境,形成基于海量信息和智能过滤处理的新的生活、产业发展、社会管理等模式,面向未来构建全新的城区(社区)形态。

"智慧社区"建设是将"智慧城市"的概念引入社区,以社区群众的幸福感为出发点,通过打造智慧社区为社区百姓提供便利,从而加快和谐社区建设,推动区域社会进步。"智慧社区"是"智慧城市"的一个"细胞",它将是一个以人为本的智能管理系统,为社区居民提供一个安全、舒适、便利的现代化、智慧化生活环境,从而形成基于信息化、智能化社会管理与服务的一种新的管理形态的社区。

智慧服务工程,是将互联网的种子埋入工程建造及运营的全过程,真正实现互联网+工业级制造的彻底智慧化。其中包括:智能芯片、微信应用、云端储存以及智慧设备。通过对社区的实时收集和分析优化,以云端互联为物联平台,以智慧检测和控制为策略,结合智慧系统的硬件部署,为人们打造便利的体验环境。社区O2O业务的发展还有很大空间。在社会进步的每个阶段,人们对于服务的需求都是无限的,也会推动科技和互联网产品的升级换代。甚至通过创新能够改变人们原有的习惯,如滴滴打车、UBER等,就不断地在颠覆人们出行的方式。在人们每天都会居住的社区内,更是有无限想象可能。

2. 自建特色服务平台

智慧华侨城旅游电商平台上线,确立"智慧化"运营管理标杆。2014年6月30日,华侨城旗下电商平台智慧华侨城旅游电商平台正式上线,该平台涵盖景区无线Wi-Fi覆盖、旅游营销平台、微信应用、淘宝天猫旗舰店等内容。同时,整合客户资源与服务资源的智慧社区方案已初步形成,将以微服务、近营销的方式逐步实现覆盖华侨城城区的各类生活服务。移动互联网和电子商务爆发时代,以华侨城为代表的文旅地产企业正快步进入智慧旅游发展的高速公路。

龙湖商业App也将上线,初期可将龙湖17万商业会员纳入其中,实现导航、订单、消费、交易等功能,还可享受自动送货上门服务,通过此平台,还能对商家的经营服务行为实行智能分析,帮助商家发现问题,让商业经营更完善。举例来说,龙湖在时代天街引进漫咖啡、24小时书城等,让购物与体验结合;利用移动互联网技术,打造智能商圈系统;建立商户客流系统,以了解每家商户的进店客流数,协助商户诊断经营问题[128]。万科推出了一款社区生活App"住这儿",主要用户为万科业主、住户群体,通过"住这儿"打造物业服务、社区交流与商圈服务平台的O2O闭环商业。"住这儿"的整体框架十分封闭,面向的用户也仅为万科业主,或住在万科的用户,要成为会员必须能通过住户认证。

3. 运用外部综合性平台

彩生活成立于 2002 年,致力于打造零成本的未来社区,居住在彩生活所服务的社区内的家庭,均可通过移动 App 或者登录互联网社区服务系统在线购买日常所需的商品、服务,并在线付费,社区商店将负责配送商品、提供服务。2013 年 6 月,彩之云 App 上线,以社区为中心辐射一公里微商圈,包含衣、食、住、行、娱、购、游在内的各领域商户服务资源,实时推送并更新活动信息。截至 2013 年,花样年的彩生活集团,管理服务面积超过 7 000 万平方米,管理居住家庭达 60 万户,成为国内最大的社区服务运营商[129]。彩之云 App 的核心就是一网、一中心、一站,充分利用互联网的手段建立彩生活呼叫中心,打造一站式的社区服务平台,真正实践彩生活“把社区服务做到家”的品牌理念。彩之云 App 业务涵盖社区服务的六大核心内容,其中包括社区服务、O2O 的服务、商品服务、虚拟服务、连锁经营、智能管家等,从而将线上的服务集中到彩之云上,业主到云上自助寻找相应服务,就可以满足生活中方方面面的需求。类似的还有小区管家、微蜗居、叮咚小区、安居宝等。

4. 发展过程中存在的问题

近几年“智慧社区”的打造方兴未艾,不论是地产商、物业这样的直接利益相关方,还是智能硬件、互联网企业、传统的零售、金融、服务等外部服务型机构,都在火急火燎地争夺社区市场。一时间,智能家居、智能楼宇、智能安防、智能医院、社区金融、票证缴费、家庭护理⋯⋯智慧社区几乎囊括了社区生活所能接触的方方面面。然而,智慧社区建设过程却步履蹒跚。智慧社区发展滞后乃是因为在高大上的概念之后,忘了俯下身段解决落地实施的最现实问题。

（1）组织者缺失

作为系统性建设,却没有统合各参与方的最终主导者。在利益相关参与者众多,服务、产品层出不穷的情况下,存在有的市场责任主导者实际上是缺位的,就好比高手再多、武功再强而群龙无首,充其量只能是散兵游勇,难以成势。地产、物业、第三方平台等利益相关方各有小算盘,服务供应商众多,利益分配复杂衍生出封闭的本位主义,最有能力的地产商不愿意,最有动力的物业没能力,最合适的第三方平台走了歪路,服务供应商们一盘散沙,这就是智慧社区建设组织的现实问题。

（2）服务整合不足

作为整合型构想,各类别、各层次的服务整合反而拖了后腿。一体化智能生活体验是智慧社区所必需的,然而现状却是智慧社区的不同产品往往由不同的团队甚至不同的公司完成,甚至智慧小区本身也彼此形成了一个个孤立、分散的“信息孤岛",根本没有整合的迹象。室内智能家居整合,最火热也最缺乏整合体验;社区智能服务整合,技术简单而业务执行困难;跨社区联动整合,智慧社区本身也在无效率单干。

(3) 产品不达痛点

作为社区化服务,产品却不能体现社区化应有的差异性。社区O2O的大规模兴起又大规模失败,同样也集中反映了智慧社区重要问题:直接把互联网服务的那套模式搬过来,不考虑社区服务的针对性和竞争优势。产品没有独特性,无法给业主选择的理由;线上线下深度结合才是面向社区的产品不可替代的优势;不只是社区O2O,智慧社区还有很多事要做,可做。

(4) 技术配套滞后

作为技术性集成,标准统一、数据处理、管理维护都不受关注。技术能力是智慧社区的基础,没有技术配套跟上,智慧社区最终只会变成海市蜃楼。在围绕技术的前、中、后三个阶段上,当前的智慧社区建设条件都远未达到。技术之"前",各类协议、标准远未统一;技术之"中",数据集成分析的细度远达不到要求;技术之"后",智能系统的社区运维人才基本为零。

5. 发展策略

根据国际社会的主流观点,以人为本、自我管理、自我教育、自我服务是社区的基本功能。既然智慧社区是一项创新举措,就需要在工作指导的理念上、实践上"顺应潮流,掌握规律":

(1) 必须强调需求导向的基本原则,把工作创新点放在着力解决社区服务管理最紧迫的诉求和反映最大的问题上。

强调"需求导向",是指政府为满足人民群众某一需求,确定一个时期的工作目标和任务,调节相关资源有序展开工作。贯彻"需求导向",必须紧紧瞄准社区服务管理最紧迫的诉求和反映最大的问题;坚持"需求导向",实质上是"权为民所谋、情为民所系"的深刻体现。当前,我国正以"民生优先"为导向,大力推行基本公共服务均等化,确保改革开放成果为全民共享。社区服务的快速发展应当成为实现"民生优先"的重要抓手。有些发达国家在发展社区服务中的有益经验值得我们借鉴与学习,即吸引多方参与社区服务供给;确保政府的有效监管;提高公共财政投入比例,如挪威、美国用于养老、贫困、卫生、就业等方面的投入分别占政府总支出的65%和60%。

(2) 必须把握智慧城市发展的主流,在应用场景上尽可能实现物联化、互联化、智能化。

智慧模式下的社区服务管理是指在智慧城市背景下,通过物联网、传感网,实现智能楼宇、智能家居、路网监控、智能医院、食品药品管理、票证管理、家庭护理、个人健康与数字生活等诸多领域创新应用,将传统社区概念中的居民聚集区逐渐演变为具有智慧功能的"信息综合体"。

（3）必须高度重视对现有资源的综合利用,避免推倒重来的建设方式。

智慧社区建设必须注重以往建设成果并对现有资源充分利用,不能以"创新"简单地推翻以往的建设成果,需要颠覆性的"推倒重来"情况是极少的,因此必须慎重对待。具体落实过程中,应把握好三个环节:一是所有项目必须具有长远规划,规划缺失的项目不予立项;二是所有项目实施方案必须对相关工程、工作成果有分析与梳理,对未来拓展和风险有所考量、有所准备、有所对策,对缺乏前后衔接的项目暂缓实施;三是参加项目论证和评审,不能仅有实施部门或技术专家,必须有相关受众代表、专业咨询、项目监管方等多方面人员参加评议评审。由北京国脉互联信息顾问有限公司完成的《首届中国智慧城市发展水平评估报告》表明,创建智慧城市"领跑者"的城市（城区）有北京、上海、广州、深圳、宁波、南京、佛山、扬州等[130]。其中,信息基础设施、示范项目和规划方案三项指标超过49％的平均得分率,分别为58.93％、56.07％、54.29％。这表明,注重顶层设计规划先行,注重基本设施建设,通过试点示范引导的意识正在逐步加强。

（4）必须高度重视社区的实际需求,避免智慧社区建设项目只在形式上"标新立异"和工作上的"自拉自唱"。

在智慧城市建设中需要突破瓶颈解决问题,有些问题需要用创新的思维、创新的方法才能更好地解决。对此,一些管理者心中可能比较倾向用"标新立异"的方式进行"创新"。要知道标新立异本意是指独树一帜、另起炉灶、别出心裁,但如果出发点是为"创新"而进行形式"创新",而不注意实际需要和实际成效,则往往会陷入"自拉自唱"的境地。工作中必须避免主管部门"一厢情愿"的现象。提高项目成功概率（减少失败概率）的最有效办法是"走群众路线",切实从群众迫切需求出发,广泛听取群众意见,努力使主观设想与客观现实相结合,让社区居民群众满意、让用户满意是最重要的。

（5）必须高度重视与总体规划相一致,避免智慧社区建设出现短期效应。

要正确处理全局与局部的关系,智慧社区建设必须在智慧城市的大战略引领下进行,这样才能避免因"方向性错误"而造成的"短期效应"。目前,有一些街镇急于求成,在没有全面理解智慧城市建设目标和主要任务情况下,匆匆忙忙进行"抢先",这可能会造成眼前尽管解决一些社区需求,但长远未必符合全局趋势,对这种风险应该有所防范。同时,应高度重视分步实施、逐步完善,避免追求大而全、一步到位的"跨越做法"。任何事物的发展都有其内在规律性及自身特点,任何思路的形成都应最大限度地建立在洞悉这一内在规律和自身特点之上,不能用主观热情代替客观规律。要用发展的眼光辩证地看待自身优势和劣势,做到四个分清:分清前后逻辑,分清远近目标,分清急缓任务,分清前后计划。要善于用逆向思维的方法使工作更加紧密。

(6)必须高度重视发挥社会服务资源的最大效益,避免政府一方"单打独斗"。

客观地讲,目前社会各方对智慧城市、智慧社区的关注与热情差别较大,其中政府为抢占城市发展领先地位积极推进智慧城市建设,少数企业为创造商机也举起智慧城市的旗帜,但整个社会的关注度还不太集中,尤其是市民对"智慧"的认可度还比较有限,积极性远未高涨,观察者远比参与者多。原因是什么?因为广大市民、众多企业更愿意用实际感受、具体成效去判断、支持和参与一项战略。总之,应避免出现单靠政府冲在前面,而企业有利则上、无利则让的局面。我们必须认识到,政府一方的"单打独斗"是最不经济的工作方法,政府更应该是扮演规划引导者、秩序管理者、服务保障者的角色,让企事业单位成为市场运作的主体,让广大居民群众成为社区建设的主人翁。政府必须通过整合与激发,充分调动全社会的积极性,才能更好地发挥社会各类资源的作用,有效推进智慧社区建设。

总之,本次调查数据显示,对"智慧社区"概念,有 59.68% 的人不了解、33.87% 的人一般了解,这样看来虽然该理念很好,但是实际建设、运用、操作还是很难的,需要投入更多的精力去研究、测试和推广。而且从目前来看,尚未有一款针对社区的产品能够让人们眼前一亮,乃至垄断整个市场。物业管理企业与人们的生活联系最紧密,能接触到每一户业主,也最易于了解业主的真实需求。因此,在生活、便利类服务方面,物业管理企业最具优势。而中国的社区O2O行业的发展已经过了小企业层出不穷的"战国"时期,开始进入品牌和整合期,服务和系统将不断完善。智慧社区开发的初衷,应该是在建立和谐社区,打造无缝平台的基础上,减少一些不必要的时间、人工成本的浪费,从而实现业主、物业、社区周边商家和第三方平台开发者"四赢"的局面。

三、新运营模式

1. 旅游地产+大数据

1)大数据发展概况

随着大家生活水平的提高,在互联网、城镇化、老龄化时代的冲击下,购房者的消费需求变得更加多样化、个性化和互联化,2014 年"变革"在房地产行业蔓延开来。兴起于近几年的"大数据"概念,也因此备受关注。媒体、搜索引擎、LBS 等正成为商家抓取用户行为习惯和消费需求的主要来源,基于海量数据库及相关算法来进行用户建模,勾勒目标客群主要特征的"精准营销",正在大数据的助推下,开始迈出实质性的步伐。

大数据分为两大类,即结构化数据和非结构化数据,前者就是大家看到的一系列数字,后者则可能是一张图、一句话等并非直接体现为数字的信息。因此真正意义上的大数据分析,不仅要做直接的数字分析,还要懂得建立数学模型,将非结构化数据转变为结构化数据并得出结论,这些并不简单。大数据平台则可以根据用户的线上线下行为,利用机器学习算法,对其个人属性、职住地点、兴趣爱好等进行判断,进行多角度画像。当然,要做好旅游大数据研究并不简单,其数学模型比较复杂,比如包含线性回归之类的。其实,大数据研究是一个数据不断整合和多学科交叉的过程,未来还有很多商机可以依靠大数据挖掘出来。

2)大数据的内涵

(1)从大数据分析中看懂游客行为

每个旅游业者都会有自己的会员和消费数据记录,现在很多游客会在 OTA(在线旅游代理商)上比价和预订酒店,那么其搜索的关键词和浏览痕迹就会体现在 OTA 的记录里。如果客人浏览过这家酒店的页面却跳转了,并未下订单,则可以通过这个记录分析该客人不下单的原因;当客人通过价格、品牌、区域等关键词排序查找酒店信息后,其留下的浏览记录则可以统计出人们是对于价格敏感还是品牌敏感。这可以让酒店对价格、定位和营销等做出策略性调整,以提升入住率,提高酒店整体收益管理。

(2)大数据的神奇语言分析

除了价格、品牌,语言文字也是一种非结构化数据,尤其是如今当客人预订旅游产品时一定会先看一下点评,或者自己体验后也会留言评价,这些语言背后也大有大数据学问。不少客人会对已经入住的酒店进行评估,这些点评中经常会出现对酒店环境、客房设施、餐饮和服务的评价,比如"房间很干净,但是送餐服务比较慢","前台的服务差评","洗浴感受不错"等。这需要用专业的语义分析进行精准细分化分析,并转换成结构化数据反馈给酒店经营者。

(3)大数据涉及跨界合作

"国外是跨领域研究的,结合了多领域,比如地理信息、IT、商学院、社会学等。有学者采用跨界合作的多方位社交媒体来跟踪游客行为。社交媒体上有很多游客留下的痕迹,比如 flickr 上的图片留下了照片的地理坐标、拍摄时间、评论信息等,这些都是非常可贵的旅游大数据。"通过分析,可以知道哪些景点受欢迎、哪些是新的景点、游客在几点左右在景点甚至每次停留多久等;可预测未来一段时间的客流量,尤其是旺季黄金周的客流量预计,能帮助景区控制进入人数,提高安全性和服务质量。

(4)脑电波测试方式

测试人们看到图片时眼球第一秒会注视的地方,即最吸引点以及人们对于被测试图片的喜好或厌恶程度等。通过这些分析,可以决定是否在销售时更换样图,餐厅或景点的宣传图片究竟是有人好还是空景好,合适的样图能够促进销量。

3）大数据的在旅游地产中的运用

"白银时代"的地产实现突破？如何寻求新的利润增长点？建立在大数据平台下的精准营销让开发商能够减轻原有的去化压力。越来越多的开发商意识到大数据所带来的新商业模式和未来的发展方向，用户思维和大数据、平台化和社会化成为关键，大数据的获取、处理和整合创新成为突破的焦点。应该是覆盖了售前开发、售中营销和售后服务的全产业链流程。开发商要做的，是利用相关数据的积累，在前期的决策、设计和建造上起到主导作用。在营销和后续环节，则无须受到模式的拖累，寻找平台合作伙伴，借助他们的精准数据和经纪人服务以及整合社会资源，为业主提供全生命周期服务，这样不仅降低了成本，而且提高了效率，还满足了客户需求。有了客户黏性，当然利润就提高了。同时，根据大数据的客户需求可以完成旅游地产、养老地产、教育地产、产业地产、文化地产等商业模式的转型，在各自的领域里实现共赢，在全产业链的蓝海里实现广义增量。

好屋中国平台以充实的房源系统和客源系统为基础，从售前的信息整合，到售中的服务体系，直至售后的社区平台搭建，为房地产营销及服务建构了完整的行业生态链[131]。平台可以通过C端入口、经纪人、社会信息接触者和跨平台导流等途径提供海量的数据来源。根据家庭和个人的行为特征和消费特征数据，构建数据后的相关关系，找到、挖掘出客户需求，精准营销，导入购房消费数据，从而为买卖双方和经纪人建立一个精准匹配的平台。平台为经纪机构提供了商业机会和事业平台，提供强有力的服务支持体系，帮助开发商实现精准找客，用专业服务增加跟客户的情感维系，持续跟踪客户达成快速成交，帮助经纪人更诚信、专业、高效率地为客户服务，从而获得更多的佣金和社会尊重。好屋中国通过对大数据的运用，帮助房地产在产品、营销和商业模式上实现创新，满足客户需求，形成客户黏性，赢来增量，从而重新构建政府、开发商、消费者、经纪行业新的和谐生态圈。

大数据真的这么美吗？如何让数据说真话？当一切美好的讨论需向现实兑现时，大数据背后的泡沫，将成为新的困惑。

4）大数据目前存在五个大问题

（1）数据真实性。官员要政绩，学界要交差，商界要名利。注水性数据导致硬数据软化。基尼系数、博主粉丝量、复兴指数，为何一直在被质疑？凡数据造假能获利，则数据极可能有假。越来越多的软件自动发布信息，使得大数据也是真假难辨。数据背后的细节，数据源的真实、全面以及处理过程的科学，是大数据走向权威和可信的重要保障。

（2）样本代表性。我们不可能搜集到全数据，而与大数据相关的形容词往往是大规模、精准、细化，在调用如此"完美"的数据时，如何注意情景和样本的适用性？正如网络民意与现实民意的讨论，微信不代表网络，网络不代表社会，朋友圈也是小圈子，跳出圈子看世界不容易，切勿陷入相同的悖论。在选样、测量、误差校正不尽如人意时，好数据将劣化，大数据将虚化。

（3）相关性误差。利用大数据，基于一定算法和模型对变量元素进行相关性分析，在要素构成简单的情景中可以，在复杂系统中仅有相关性解释还不够，易走偏。比如一个明显不对的结论：一个城市的网页数越高，其网络形象就越好。虽然，数据统计证实了网页数和网络形象存在一般的正相关，但忽略了负面事件带来的网页量爆发等，结论也是不科学的。相关性要真正体现在数据之间、数据与真实事件影射的现象之间、真实事件的客观联系上。

（4）故事化。大数据的概念冲击、视觉盛宴，看上去不错，但要警惕割裂传统信息管理系统和大数据的关系，营造一个概念化、全新的东西。比如开发商大肆搞房地产，大数据要建数据中心，圈地成必然；又如做科研项目，思路和内容要新颖，不少人拉大旗借用大数据。大数据只有与实际接轨，才能工具化、服务化和实用化；能解决具体问题的大数据，才能打破泡沫，见证数据真正之美。

（5）隐私侵犯。大数据中包含着每个人的小数据，这些数据经过进一步分析，既能知道你的爱好，也能知道你的下意识行为倾向。如果据此来判断一个人的未来，是否会重演大片"少数派报告"的场景，我们现在还不得而知。

5）发展策略

当然，新事物多要经历阵痛、广受褒贬，才能逐渐练就为成熟的应用。大数据之路，要加强对真假数据的清洗，有好的矫正鉴别模型；商业中的大数据挖掘，应推动交互开放模式；政府可推动数据开放平台的接口，建立更好的沟通渠道，加大数据造假的惩治力度。样本代表性问题，如果无法做到全数据，应尽量考虑大数据分析的适用范围和结论边界。大数据分析也要有直观体验，明显与实际不符的结论最好有多个来源证实，多实地视察，加强生活中人性化沟通、交流，通过人际体验获得第一手材料。对涉及个人隐私的数据，需要加快立法，予以规范，避免为技术所异化。

2. 旅游地产＋电商

1）发展背景

"互联网＋"时代的到来，给传统行业带来了深刻的变革。中国旅游度假产业正方兴未艾，这样"＋旅游""＋房地产"，对于整个行业以及行业的所有业态，带来前所未有的变局。机遇和挑战并存，"互联网＋"既对传统行业带来颠覆性的思路，但也给传统行业带来了更大的想象空间。无论是作为一种工具，还是作为一种思维，互联网最有价值之处在于了解用户、发现需求。那么，对于度假产业而言，和互联网的对接相加，又会得出什么结果？

长期以来,旅游度假项目居高不下的长时间空置率一直是个痛点,令许多投资者望而却步。不过随着近年来互联网的兴起,通过"互联网＋旅游地产"的合作模式,有效地降低了空置率。

2）旅游地产＋电商的运用

目前,以途家网为代表的 O2O 网站,通过与旅游地产企业合作,线下整合房源、线上拓展流量,以 O2O 的模式很好地解决了旅游地产住宅空置的问题。途家网是一家高品质的中高端度假公寓在线平台,是中国首个依托国际领先的分散式酒店管理经验和专业服务标准,紧密结合线下旅游地不动产存量以及线中优质的呼叫中心服务的新型平台,其创立弥补了中国在此领域的空白。平台提供旅游地度假公寓的在线搜索、查询和交易服务。

近期广州北旅游度假养生大盘碧桂园清泉城就携手途家,推出近百套返租公寓。据了解,碧桂园清泉城此次与途家合作,业主不仅 5 年返租逾 10 万元;还将获得途家的会员资格,比如免费入住其他房子就是会员福利之一[132]。依托强大的途家网络预订平台,保证房屋出租率最大化,为业主带来高额经营收益,助力业主轻松实现物业的保值增值。

2014 年 6 月 26 日,北京万科与途家正式签署战略合作协议,同时在会上宣布将以天洋万科·北戴河小镇作为起点[133],通过与途家网的合作,万科拟突破房地产企业传统营销方式的困境,借助途家创新的"五赢模式",将大数据运营落地到地产行业,用全新的营销方式带动房产销售的增长。途家利用自身经营的全国度假产品及周边旅游资源为万科及业主提供定制的主题性度假休闲线路及产品、一站式专属管家服务体系,推出空置房屋托管、行车景点票务代订等个性化增值服务,实现"与家一起旅行"的梦想。

以上的合作方式,也是旅游地产和电商合作的初级模式,相对比较容易让人接受和获得成功,未来将可以做全方位的合作,比如在投资、规划、建设、运营等各阶段都有比较深入的合作才是最佳的模式。对资源利用开发模式进行分析可以看出,增加主题模式是最为科学、最可行、最重质不重量的开发模式,对资源的配置能起到积极的效果。而从布局的角度来看,比起"单极","双核"更具有优势。在综合考虑了现有模式的优缺点及新模式的原则的基础上,我们提出"多核驱动的聚合模式"。"他们"之间可以形成业务互补、相互引导、相互推动,也会带来权力监控、相互限制。

3）发展中蕴含的问题

中国的房地产市场已经处于调整期,旅游地产企业也在寻求转型。不少旅游地产＋电商创新模式被视为房地产新的突破口,但是这些看起来很美好的概念却遇到发展困境。

（1）地产电商营销是新瓶装旧酒，传统营销方式的延伸

目前各大房地产网站对客户数据的利用非常粗略的，并不能将信息精准地投放到有效客户手中，从而出现一种尴尬的局面：网站线上拓展的客户很多都是职业看房客（俗称水客），质量反而远不如电话 Call 客和线下拓客。因此，看似不出广告费、占尽便宜的开发商并未能从电商中获得理想的营销效果。[134]

房地产网站为销售业绩疲于奔命。由于取消了启动资金，房地产网站电商收入完全与业绩挂钩。目前所谓的房地产电商营销，并未能利用好互联网在资源整合、信息搜集、数据分析等方面的优势，还是打人海战术；购房者未获得真正的优惠。一般的消费者上电商网站购物最重要的目的就是拿到实惠，但是房地产电商则完全不同，其所谓的优惠折扣已经被开发商价格上浮调整所抵消。另外，购房者在电商中参与度并不高，一些购房者可能根本没有接触电商就完成了整个购房流程，电商纯粹成了走流程。

旅游地产开发商面对电商营销应保持理性，既要有开放的态度，同时也不能过高期待电商的效果。保持开放是因为购房者通过互联网找房子是一种不可逆的趋势，这里确实有潜力可挖；不过高期待，是因为目前所谓的电商并未发挥互联网的威力，效果不彰，项目营销要达到理想的效果更多的还是要靠线下夯实基础。另外，开发商还要注意处理好电商与现场销售的关系，既要避免电商与现场销售的对立，同时也要避免两者之间的灰色交易损害自身权益。

（2）试水性的电商运营平台

万达集团的董事长王健林曾认为："电商平台有钱、有资源、有客户，万达不做电子商务可惜了。"因此，从 2012 年开始，万达开出 200 万年薪延揽人才，并投入 10 亿建设电商平台，整合万达集团的线上与线下资源。电商也被万达视为继商业地产、酒店、电影院线、连锁百货以及旅游度假五大业务之后的第六大业务[135]。打开万达电商平台——万汇网，现在该网站商品只有信息展示，不支持线上交易，已经荒废，连万达员工都不知道。总体来看，万达做电商有企业战略上的考量，但更多的恐怕是王健林个人意志的体现。因此虽有战略规划，但方向不明晰，准备不充分，也未能充分考虑企业自身的实际情况，最终导致其进程迟缓。因此，传统商业地产开发商转型开拓电商业务时，必须考量是否有明确的战略规划，是否有相关联的经验和人才，有没有建立起适合电商成长的企业文化等等。贸然而上，只能落得头破血流。

4）该模式的发展方向

（1）与电商合作前景广阔，但全面推广还需假以时日。

从房产营销发展来看，随着房产市场的成熟，消费者必将越来越理性，在做出消费决策前他们往往会尽可能多地了解信息。而随着社会进步、科技发展、办公

和生活条件日益现代化,互联网已经逐步成为人们日常生活中不可或缺的一个重要组成部分。对于年轻一代的购房人来说,网络已经成为他们了解房产市场行情、收集楼盘信息最重要的方式之一,要做好房产营销就必须占领互联网这一高地。

(2) 四大一线城市和东部沿海二线城市将成为房产电商发展排头兵。

地产电商依托于网络,这决定了它的发展必然与各地网络经济成熟程度息息相关。网络经济越成熟的城市,消费者、开发商或经纪公司对房产电商的接纳程度越高,房产电商起步越容易。根据艾瑞咨询近期的数据,我国网络购物市场省份订单量前三名为广东、浙江、江苏;城市订单量前三名为广州、上海、北京。东部沿海省份及北上广一线城市是我国电子商务发展的排头兵。在这些区域房产电商更容易起步。[136]

(3) 一个开放共享的平台,形成了产业链整合的系统。

开放是电商平台的灵魂,平台面向全部物业形态、所有服务公司、经纪公司与经纪人以及广大网友实现全面开放。目前,一般平台已经涵盖了新房与二手房两大业态,新房下面还包括旅游地产、养老地产、公寓、别墅、创意产业园区等地产。同时,平台会聚合多家代理公司、服务公司、广告公司等专业线下服务公司以及全国各地的经纪人和千百万有购房需求的网民。

(4) 建立线上线下互动的运营模式。

线上体系包括以下内容:首先是线上推广,多媒体导流。除了能够借助各大网站、乐居、微博等强大推广渠道和跨界资源,可与百度在网站推广、百度百科、百度知道、百度地图、百度阿拉丁等多条产品线保持紧密合作,共同建立房地产行业的搜索营销生态圈,为导流精准有效客源提供了又一高速通道。其次,是线上展示。领先的互联网技术是决定用户体验的基础。新浪乐居从 2008 年推出"网上售楼处"开始,就对电子商务领域进行了长期的调研与技术研发。现在,已经完全能够做到三维全景、电子沙盘、视频讲解、电子楼书等多种应用,使楼盘项目在互联网上逼真呈现,让网友足不出户便如身临其境,为用户提供更真实的体验感和参与感[137]。再次,是线上交易。拥有门户级别的硬件设备做保障,并引入第三方支付平台作担保。为了能给购房用户提供更透明、便捷、安全的线上、线下支付渠道,在确保资金安全的前提下,简化了支付流程,购房者无须注册,直接通过借记卡、信用卡即可完成大额支付。另外,为方便缺少网上支付经验的用户缴费,还可设计通过线下 POS 终端的支付通道。双方未来还会根据实际业务需求,定制更为个性化的支付解决方案。最后,电子商务市场也不能缺少仓储与物流环节。同样,一个真正的房地产电子商务平台也少不了线下的服务体系作支撑。

线下体系包括:首先,是线下管理体系。根据房地产行业的特殊性,建立了线上线下密切配合的沟通、营销、销售、售后四大管理体系。包括多个城市协同作战的团队管理系统,人财物保障管理的流程系统,满足多城市同步房源销控平台的销控系统以及客户数据管理系统。特别值得一提的是,中国旅游地产集团遍及全国的接待中心和旅游目的地的机场接待中心,针对目标客群行为路线设置的引导系统,都将免费为经纪人及购房者服务。其次,是线下资讯服务。借助专业的信息咨询机构,拥有中国最庞大的房地产数据库和咨询库,能够为行业和购房者提供翔实的楼盘信息与咨询服务。

经过对上述旅游地产＋电商模式的分析,我们能归纳出一个共同的结论:旅游地产＋电商的结合是大势所趋,然而其发展壮大并不在于各种概念包装,而在于扎扎实实做好基础工作以及制定切合实际、切合房地产行业特性、切合企业自身特点的战略。传统开发商盲目地进入电商平台是有极大风险的,需要审慎对待。

3. 旅游地产＋旅行社

1）发展状况

龙湖联手中青旅开发古北水镇文旅地产,开启北京微度假时代。2014 年 10 月 1 日,北京密云古北水镇国际旅游度假区正式营业。背靠古北水镇,龙湖地产与中青旅跨界合作[138],打造京郊度假别墅产品"龙湖·长城源著",颠覆以往"地产独大,旅游滞后"的固有模式,采取与成熟的旅游巨头合作,借助中青旅在乌镇旅游景区开发与运营管理方面的优势,创新"旅游产业＋房地产"的新兴旅游地产开发模式,引领旅游地产行业新标准。[139]

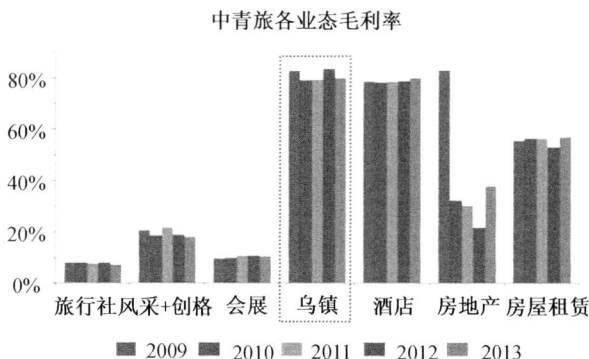

中青旅各业态毛利率

数据来源:付安平. 旅游地产新常态:四大盈利模式[EB/OL]. 微口网,2015-12-13.

图 12　中青旅各业态毛利率

以乌镇为例,中青旅进驻后,总投资 10 亿元,对东栅进行改造,并对西栅进行了产权式整体开发。整个乌镇景区 2013 年游客量达到 569.1 万人次,其中西栅景区接待 257.13 万人次;2014 年总接待量超过 620 万人次,人均消费 150~250 元/天。如图 12~图 14 所示,项目可以将高门票、高消费、高游客量集于一身;从中青旅各项业务的毛利率横向对比看(图 12),乌镇近 5 年始终保持着 80% 以上的毛利率,并且远高于旅行社、会展等传统旅游业务,且高于酒店、房地产等高回报率业态。[139]

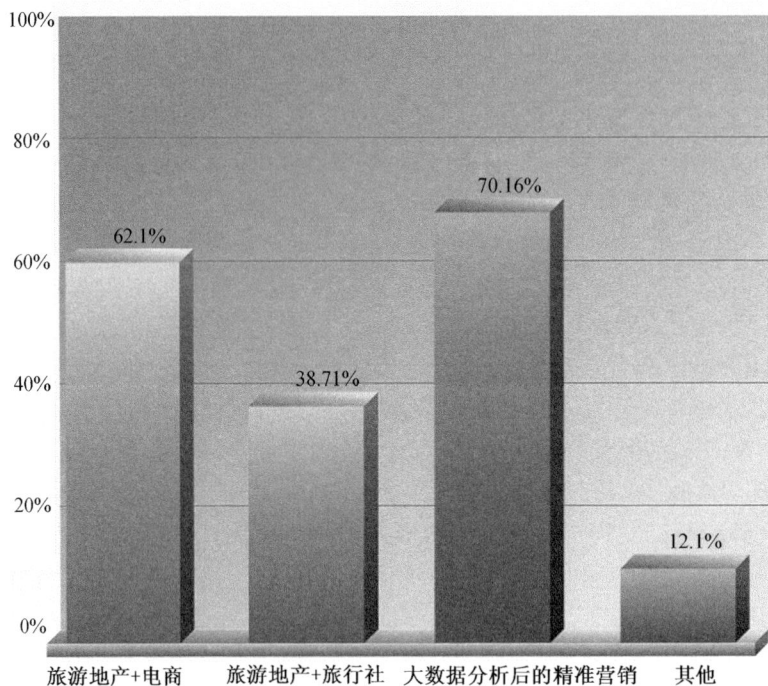

资料来源:作者绘制

图 13　不同新运营模式的认可度比较

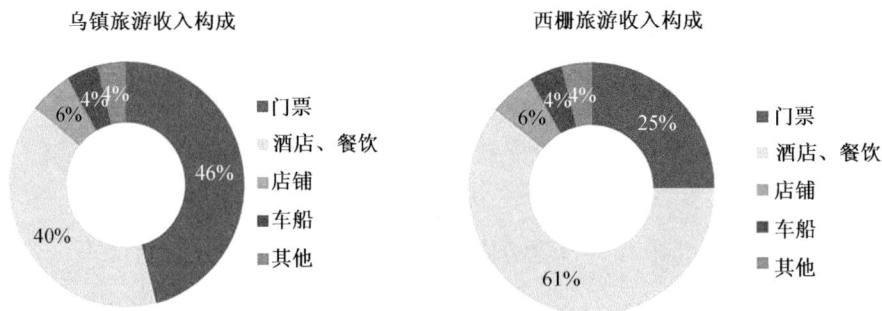

数据来源:付安平.旅游地产新常态:四大盈利模式[EB/OL].微口网,2015-12-13.

图 14　乌镇及西栅旅游收入构成

2013 年万达集团对外宣布将于 10 月 10 日成立北京万达旅业股份有限公司，同时启动 20 亿元人民币在全国并购 15 到 20 家在各地排名前五名、资质健全、管理规范、有发团能力及地接服务的线下传统旅行社。截至目前，万达的并购政策进行得如火如荼，亿欧网借此盘点了过去一年万达旅业所收购的 12 家传统旅行社[140]。2016 年 10 月，万达旅业内部宣布，将整体并入同程旅游。本次并入同程国旅的万达旅业旗下 12 家旅行社都是各地线下旅行社的佼佼者，其中列入国家百强社的超过 6 家[141]，通过与同程旅游合并，万达旅游产业将形成线上平台、线下渠道和大型旅游目的地三位一体的格局。

总之，针对以上新的运营模式，由图 13 可知本次调查中认可度由高到低依次是：大数据分析后的精准营销、旅游地产与电商合作、旅游地产与旅行社合作、其他，这就看出来大数据分析的接受度和认可度较高，也说明现阶段大数据分析工作还有巨大发展空间和市场需求。

众多的旅游地产企业拥有中国丰富的旅游资源，拥有当地市场销售、传统资源掌控等优势。旅游地产企业与旅行社通过资本运作和业务合作，将进一步加强旅游线上与线下相结合的优势，将很自然地将资源端的短变为长，构建好完整的价值链，在未来的行业竞争中占据先机，打造出符合行业发展的创新型旅行社。

2）该合作模式面临很多挑战

（1）业绩压力巨大

旅游地产旗下主题公园及旅游综合体项目原本有一定的客源，与旅行社合作，肯定是希望大幅度地提升收益，意味着超越的难度之大，尤其是大幅度超越，这其中蕴含着巨大的压力。

（2）融合压力巨大

滴滴、快滴的合并，58 同城、赶集网的合并，美团、大众点评的合并，还有携程、去哪儿的合并……近年来几乎所有的重大合并，都不可避免地显现出双方因文化差异而必然产生的种种问题。而上述案例全都是互联网企业之间的合并——互联网企业之间的合并尚且如此，像旅游地产这样机构庞大的传统企业，和旅行社这样个性极其鲜明的线上线下企业，各自下属两大团队之间的合并，最后将如何实现、何时实现融合，从而升华为一支新生的、独立的铁军？

（3）各家旅行社的股权问题

各家旅行社都有各自的诉求、发展和利益，不会简单地只为某个旅游地产服务。据了解，万达旅业与并购的旅行社之间签署的协议中，有着明确不能将股权转让给其他公司的条款，但万达旅业整体转让给同程旅游的方式，所持股旅行社的股份处置方式是否符合法律程序，依然存疑。

（4）内部业务存在一定的竞争关系

虽然旅游地产与旅行社有产品的上下游关系,各家旅行社都有各自的诉求、发展和利益,不会简单地只为某个旅游地产服务,同时合作很多个旅游地产项目,这样在内部业务上就存在竞争关系。如何避免同业竞争,形成良性的互补,对旅游地产来说,合作或控股的旅行社业务如何整合,整合到什么程度,仍是要面对的一道难题。

（5）外部竞争激烈

2016年2月,中国旅游市场研究咨询机构劲旅咨询发布的《2015—2016年中国在线旅行社市场研究报告》显示,2015年,在线旅游市场份额最大的是携程旅行网,其次是途牛旅游网,同程旅游网位居第三,占比分别为25.5%、15.0%和9.5%。三家的体量之和约占整个在线旅行社市场50%的份额[142]。旅游地产企业不可能都和以上三家企业合作,若与其他旅行社合作会有怎样的收益,很难预测。旅游行业过去一年的发展,在线旅游市场整合盖过创新,"三巨头"——携程系、阿里旅行、美团酒旅的格局既定,线下开店似乎成了共同意识,旅游地产和旅行社如何更深入地合作,已成为未来急需解决的问题。

四、新业态模式

1. 发展背景及概念

目前在国外分时度假已有着相对比较成熟的运作体系,也很受消费者欢迎。但独立的分时分权度假模式引入我国十余年来,一直是诟病不断。从旅游地产投资的角度来讲,分权度假并不是一个成熟的产品模式。适合我国国情的分时度假产品可以将产权式与分时式两者结合起来,是比较符合当前我国消费者的观念和消费模式,可同时满足消费者投资和休闲度假需求。我国消费者对产权式酒店的青睐说明,如果将两者相结合,必将提高分时度假产品的魅力。

产权式分时度假是指投资者拥有酒店某套房间或多套房间的小产权,酒店将一套房间的每年使用期分为52周（或N份）,将52周中的51周分时销售给不同的顾客,顾客拥有在约定的时期内（一般为20～40年）每年在这一住所住宿一周的权利,同时还享有转让、馈赠、继承等一系列权益以及酒店其他设施的优惠使用权。

购买者若将其他使用时间委托酒店管理公司管理,由后者去出租经营,这些产权人得到的回报多数是通过由酒店管理公司负责交纳按揭余款来实现的,这样购买者一般只需要付出购买房屋的首付款,按揭款和物业费等就由酒店管理公司负责了。有的管理公司还承诺另外再给产权人一定的经营收益,甚至承诺每年再给固定回报。

"产权酒店＋分时度假"是旅游地产新模式,分时度假是产权酒店资产经营的有效手段,产权酒店出售所有权后,再通过分时度假方式出售其使用权,实现对资源的充分而有效配置。分时度假和产权酒店的结合,既满足了投资者获取租金回报的要求,也对租赁客的住宿需求提供了保证,还可以在系统内交换,这一"闲暇时出租,旅游时自用"房产使用状态真正实现了资源配置效率的最大化[81]。调查数据显示,25%的人员比较了解或一般了解产权式分时度假产品,说明该类产品还有巨大的成长空间,推广还有一定难度。

2. 各类地产的房屋产权、使用权比较

当前,产权酒店在中国发展较快,而分时度假则相对滞后。由此看出,消费者更重视产权而忽略时权,分时度假是旅游地产的消费方式,产权酒店是旅游地产的投资或经营方式。只有将产权和时权结合起来,才能最大化发挥房产的功能效用。由酒店式公寓、产权式酒店为主体的投资型模式开始向"分时共享产权度假权益"的消费模式尝试。不同的旅游地产项目对房屋的产权、使用权采用了不同的方法,如表2所示。依据调查问卷,59.68%的人员愿意购买产权式度假产品,42.74%的人员倾向于产权式分时度假产品,由此可以看出,中国老百姓对于房屋的产权关注度有多高,如图15所示。

表 2　各类地产的房屋产权、使用权比较

类别	特征
普通商品房	一次性把房屋产权、使用权出售给购买者
酒店产品	消费者按需要购买,按次、按天进行付费购买客房的使用权
产权式酒店	一次性把产权出售给购买人,酒店保留大部分经营权,购买人仅拥有每年少量使用权
分时度假	一次性把若干年客房使用权出售给购买者,购买者可在一个或多个酒店任意使用
产权式分时度假	每套客房分割成52份共有产权,每个购买人拥有1/52产权并获得每年一周使用权
点数俱乐部	一次性把若干数额的点数出售给购买人,购买人可在一个或多个酒店任意使用

3. 发展策略及案例分析

产权和时权的有效结合必须做好以下方面的工作:①打造信用社会,为市场发育提供良好的社会环境;②完善的交换系统是分时度假和产权酒店持续和正常运营的基本条件,尤其是自主开发本土化的分时度假交换网络对产业发展意义重大;③将产权酒店界定为独立使用的土地,并将产权拆分合法化,是产权和时权得以结合的重要保障。

当然,有的旅游地产企业也在尝试分权分时模式。2015年中弘股份推出的一

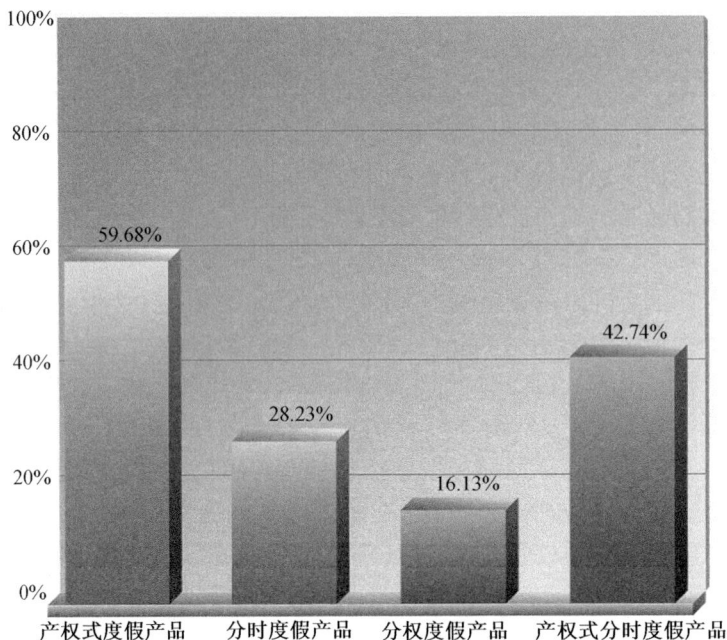

资料来源:作者绘制

图 15　四类旅游产品投资意愿比较

款分时分权游乐卡:"逸乐通卡"是中弘股份推出的一款分时分权游乐卡,购卡将持有十分之一分产权,并同时享受美宅所有权、风险豁免权、全国换住权和十年游乐权四大权益,具体涵括产权拥有、年收益率、双倍回购、全国十二大项目换住、全国新奇世界游乐优惠等内容[143]。云南城投通过其旗下拥有的 12 个旅游地产项目,并借助控股股东旗下的酒店、景区、第三方支付平台等资源,打造公司旅游地产的连锁运营"分时度假"平台,涉及云南省内的昆明、大理、玉溪、西双版纳及四川、陕西等区域。海航集团旗下的酒店集团在国内 30 个城市拥有超过 50 家的高星级酒店,以其在兴隆开发的子爵公馆为例,酒店的每个套间和别墅均拥有独立产权,业主可自住享受酒店式服务,也可将物业委托给酒店管理团队,每年提取分红,并享受淡季 21 天的居住权。这类产品具有投资小,回笼快,风险分散,产品差异性大,符合未来市场趋势等优点,但这种模式对于区位选址和产品设计能力要求较高[139]。作为新的尝试,需要时间来验证结果。

4. 中国度假产品所面临的问题

(1)法律制度不完善,行政监管不力

近几年来,我国出台了多项法律法规,地方也出台了相应的规范来支持这些新的度假产品发展,保护消费者的合法权益。但从现在状况来看,我国还处于初始阶段,法律法规与国外相比有很大差距,不规范、不具体的地方和漏洞仍有很多。而行政监管上,由于法律的不完善,很难做到有法可依,监管的效果受到了很大影响。在报纸、网络上,有关分时度假、分权度假、产权式分时度假欺骗消费者的案例屡见不鲜。

（2）缺乏行业自律

个别旅游地产公司在经营的过程中,介绍的产品或多或少地存在与事实不相符合的情况,甚至诱使当事人签订合同,破坏了市场的秩序和公司的形象,甚至有个别旅游公司精心设置骗局,通过"度假权益"等各种形式,诱骗受害者签订合同,最后携款逃走。如2007年4月18日和5月30日,就有RCI的销售商北京顶级假日顾问有限公司和北京名人投资顾问有限公司,相继玩起了失踪。而2008年6月,代理RCI加盟商漓江高尔夫乡村俱乐部业务的北京威如度假公司,也最后带着会员们所交的会费"蒸发"了[144]。2015年,美尔地产的分权度假产品销售举步维艰,黯然重组。

（3）消费价格水平的限制

这里的消费价格水平涉及两个方面,一是居民的平均收入状况限制,二是中国房价的限制。我国居民的总体收入虽然逐年增长,但与度假相关的国家和地区相比,有很大的差距,而且行业与地区间存在较大差距。中国房价增幅缓慢,部分地区出现降价,但高额的价额仍让广大消费者难以接受,成本的增加也将在一定程度上影响中国度假酒店和房屋的价格。

（4）观念因素与时间因素

外国的分时度假公司和其他一些中国分时度假公司在起初并没有结合中国的本土国情,因此消费者还需要一定的时间进行消费观念的转变。目前的中国旅游业市场消费仍是以旅行社组团或自驾型的短期旅游出行方式为主,度假的比例很小。而分时、分权度假的一个前提就是适用于较长时间的旅游休闲,能使不同时间段的消费者可以共享度假资源。但是中国消费者的出行日主要集中于五一、十一、中秋、新年等假期,这样就出现了休息时间相对较短,且消费者空闲时间集中的情况。带薪休假制度落实情况也往往不明确,许多居民并不能很好地提前有计划地安排自己的出行。

5. 发展分时度假的对策

（1）完善法规,加强监管

我国政府应针对分时、分权度假经营出台相关的法律条文,在结合我国国情和法律的基础上,参考国外的相关法律法规,如欧盟的《欧洲分时度假指令》以及美国各州的有关度假的法案。法律中要加强对企业的审定资格的管理,在法律条文中明确开发商、企业管理者、消费者各自应当享有的权利和承担的责任。在监督上,加大监督的力度和政府管理部门的执行力,明确各个部门的应管权限和范围,提高效率。

（2）人才培养

任何一个行业的发展,人才都是重要的推动力。一个企业如果缺乏专业、敬业的人才,很难在市场竞争中披荆斩棘。因此,企业应加大培训的投入,通过借鉴国外企业人才的培养办法,经过系统的学习和指导,培养一批训练有素的度假的专业人才。

（3）进一步落实带薪休假制度

使居民能够更有计划,更有自主性、合理地安排自己的出行时间和出行方式,进而错开长假的集中高峰期,适应度假的消费模式。

（4）创造本土化的度假模式

应以国内资源为依托,以中国国情和中国消费者消费特点为依据,开发具有"中国式"的分时、分权、产权式分时度假产品,满足国内旅游者的多元化需求。在设计上,我们不必完全遵循国际的度假设计标准。可以在设计时,缩短度假时间、降低消费的价格,并突出当地的民俗文化和主题。可以通过与国内或世界的其他分时度假酒店进行使用权交换,满足周游世界的梦想。如复华置地斥资60亿元打造的丽江主题度假综合体,充分满足名流享乐、情侣出行、家庭度假等全维酒店入住需求。

（5）宣传方式的改进与创新

度假产品的宣传上,应进一步扩大宣传力度。一是借用互联网、电视等手段进行宣传,形成自己的互联网宣传平台,扩大知名度;二是与当地的政府部门合作,借助政府部门来进行宣传;三是与当地旅游相结合,开展产业的合作与承接,共享收益。此外,还应通过加大宣传力度,消除消费者心理的疑虑,重新认识各类度假产品。

四、新融资模式

旅游地产项目融资难一直困扰着业内企业,而旅游综合体盛行的开发趋势下,大规模开发的模式使得旅游地产更显资金饥渴。与城市住宅地产不同,旅游地产的吸引力更多在于未来的潜在价值,而在开发之初,这种价值很难被评估。同时,对于本性是逐利的资本来说,这种投资大、回报周期长的业态并不受偏爱,旅游地产项目融资难一直困扰着业内企业,而旅游综合体盛行的开发趋势下,大规模开发的模式使得旅游地产更显资金饥渴。从2009年《国务院关于加快发展旅游业的意见》(国发〔2009〕41号文)到2012年《金融支持旅游业加快发展的若干意见》,再到2014年《国务院关于促进旅游业改革发展的若干意见》,多个文件都提出,对符合旅游市场准入条件和信贷原则的旅游企业和旅游项目,要加大多种形式的融资授信支持,合理确定贷款期限和贷款利率,同时鼓励门票收入质押贷款、发行企业债券、上市融资、消费信贷等多种形式的融资渠道,并提出政府引导、推动设立旅游产业基金,发展旅游项目资产证券化产品等多种金融创新方式。在政策的引导和市场的探索下,多种形式的旅游地产融资方式在不断涌现。华侨城与长隆的资产证券化、北京与海航旅业设立的旅游发展基金、中信信托发起的旅游消费信托、红树林发行的分时度假卡、乡村度假领域的众筹产品等等。

1. 众筹模式

1) 概念

2014 年是众筹模式快速发展的元年,只要能戳中用户的兴奋点,就有机会点燃用户心中的众筹火花。国内众筹平台在近几年一直很火热,天使汇、创投圈、原始会、追梦网、乐童音乐、淘梦网、天使客、大家投等纯股权众筹平台层出不穷,而综合性的众筹平台也有很多,例如众筹网、京东众筹、淘宝众筹、前海众筹等,有的是以新科技产品切入,有的是以实体店众筹切入,说明众筹平台的模式已经走上百花齐放的阶段。

众筹翻译自国外 Crowdfunding 一词,即大众筹资或群众筹资。由发起人、跟投人、平台构成。具有低门槛、多样性、依靠大众力量、注重创意的特征,是指一种向群众募资,以支持发起的个人或组织的行为。一般而言,是透过网络上的平台联结起赞助者与提案者。群众募资被用来支持各种活动,包含灾害重建、民间集资、竞选活动、创业募资、艺术创作、自由软件、设计发明、科学研究以及公共专案等[144]。

2) 按照传统回馈方式的分类

(1) 奖励模式:如 Kickstarter 和 Indiegogo、众筹网(中国)

在项目完成后,给予投资人一定形式的回馈品或纪念品。回馈品大多是项目完成后的产品。时常基于投资人对于项目产品的优惠券和预售优先权。

(2) 股权模式:如 Upstart、Angel List

此种模式与股权投资类似,即投资者投入资金后可以得到创意人新创公司的股份,或其他具有股权性质的衍生工具。

(3) 债权模式:如 Kiva Zip

此种模式类似于创意者未来创意项目向投资者借款,即双方为借贷关系。当项目完成或有阶段成果时,须向投资者返还所借款项(可加入利息)。

(4) 捐赠模式:如 Causes、YouCaring

单纯的赠与行为,即创意者无需向投资者提供任何形式的回馈。投资人更多的是考虑创意项目带来的心理满足感。

3)"两维度四象限"的分类

从 2014 年 6 月至 2015 年 8 月间,国内由知名房企或互联网巨头发起的房地产众筹项目不下 20 个,其标的种类、参与方式、筹资规模都不尽相同,可谓"乱花渐欲迷人眼"。对旅游地产众筹进行科学严谨的分类是研究其实质、探索其发展规律的首要条件。针对这一需求,我们创造性地提出了对房地产众筹的"两维度四象限"分类法,即以"地产企业众筹目的"作为一个维度,分为融资开发和项目去化两类;以"众筹出资人参与诉求"作为另一维度,分为购房消费和投资理财两类。两两组合,形成四个象限,将房地产众筹分为融资开发型、营销推广型、开发理财型和运营理财型四大类,如图 16 所示。

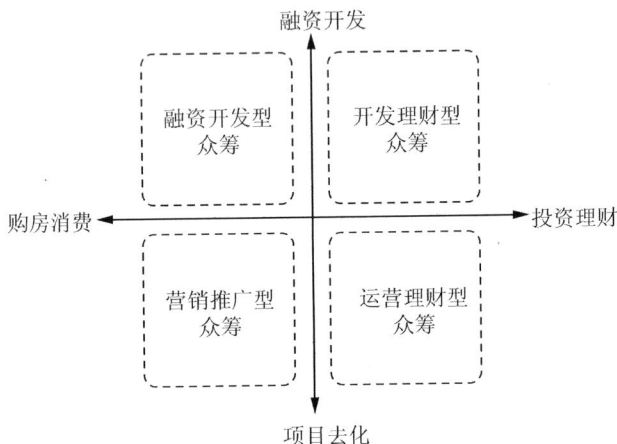

资料来源:作者绘制

图 16　旅游地产众筹"两维度四象限"分类法

(1) 融资开发型众筹

此类众筹的特点是开发商以获得开发建设资金为目的,投资者主要以获得房屋产权为目的。具体又可以细分为两个子类。

第一,定向类

此类众筹面向特定合作投资者,特点如下:通常是在立项或者拿地之前进行。为减少拿地及后期销售的不确定性,开发商对合作单位一般有较为苛刻的筛选条件,要求合作单位对定向拿地具有一定影响力,且有一定数量的员工有购房需求;一般以较大的房价折扣作为投资者的收益保障,但要求投资者需在拿地前支付基本全部购房款,开发商在这一过程中仅获得管理收益。优势在于在拿地前便完成认筹且众筹资金额度大,大幅降低了开发商在开发建设过程中自有资金的投入。开发商能否拿到地以及能以什么价格拿到地,开发商的专业能力、成本把控能力、资金实力等,都存在不确定性。如果开发商投入过低,高度依赖众筹投资,则风险控制意识难以保证,风险最终就会全部转嫁给众筹参与者。

第二，非定向类

此类众筹面向公众投资者，典型案例是平安好房—碧桂园众筹，特点是：①通常在项目拿地后建设前进行，为项目建设阶段提供低成本资金，达到降低项目负债率的目的，同时也有利于提前锁定一批购房意向人群；②通常适用于区域房价上涨预期与资金成本不匹配，项目利润不足以覆盖银行贷款、信托等传统融资方式的资金成本的情况；③参与门槛一般较高，且需要投资者在预售前支付所有房款；④将众筹项目包装为保险、债券等金融产品，通过产品设计，避免投资者与开发商直接接触，规避集资建房的法律风险；⑤投资者的收益主要体现在前期众筹的标的价格将远低于楼盘的销售价格，房价折扣一般基本保持在年化收益率10％左右，价差成为其主要获利渠道；⑥开发商虽然在销售价格上有所让利，但通过众筹降低融资、销售等环节的成本，从而获得收益，并实现了对购房客户的提前锁定。[145]

（2）营销推广型众筹

此类房地产众筹的特点是开发商以项目去化为目的，投资者主要以获得房屋产权为目的。具体又可以细分为五个子类。

第一，预先团购式

此类众筹一般在项目预售前进行。参与者筹得的只是享受优惠购房资格的"期权"，只有等到项目符合房屋预售条件时，才有权行使期权，缴足房款，以优惠的价格获得房屋产权。参与门槛较高，开发商一般会承诺"基本收益率＋购房优惠价格"的收益，众筹期间一般会设置一定时间的锁定期，锁定期内参与者不得申请退出。

第二，团购式

典型案例是京东—远洋5 000元筹折扣房。此类众筹项目涉及的房产均为现房，因而与一般的商品促销和消费团购没有太大区别。[146]

第三，抽奖式

此类众筹属于以蓄客为目的，在项目获得预售证后进行的营销活动。参与门槛一般较低，通过抽奖可能产生的高收益回报，鼓励尽量多的投资者参与，从而达到扩大活动影响、炒热楼盘的目的。周期通常较短。未中奖的参与者既无损失，也无收益。

第四，彩票式

此类众筹属于以蓄客为目的，在项目获得预售证后进行的营销活动。参与门槛一般较低，通过类似彩票方式可能的高收益回报，鼓励尽量多的投资者参与，从而达到扩大活动影响、炒热楼盘的目的。周期通常较短。未中奖的参与者可能付出一定的沉没成本（相当于彩票的费用）。

第五,拍卖式

此类众筹属于以蓄客为目的,在项目获得预售证后进行的营销活动,并且通过投资者竞价的方式,探寻市场对项目定价的接受程度。参与门槛一般较低,通过拍卖、高收益率等形式,鼓励尽量多的投资者参与,从而达到扩大活动影响、炒热楼盘的目的。周期通常较短。所有参与者均可获得收益(优惠购房折让或拍卖收益分成)。

(3)开发理财型众筹

此类房地产众筹的特点是开发商主要以获得开发建设资金为目的,投资者主要以获得投资理财收益为目的。目前市场上的案例并不多见,以万达的"稳赚一号"为典型。此类众筹实际上与 REITS 类似,只不过用众筹的名义来发售,降低单个投资者的投资额度,并达到拓宽开发建设资金来源的目的,有助于实现开发商的轻资产运营。此类众筹要求开发商的项目从前期规划到开发建设到招商运营的一整套商业模式得到投资者的高度认可,通常门槛较高,持有期较长,一般要3年以上。租金、税收等制度上的缺陷从根本上决定了此类众筹模式目前在国内尚无法大规模铺开。现有案例必须依靠开发商的价格折让来实现众筹的高收益,依靠开发商的回购保证来降低投资风险。

(4)运营理财型众筹

此类房地产众筹的特点是开发商主要以项目去化为目的,投资者主要以获得投资理财收益为目的。目前市场上案例较多,包括房宝宝—中信御园众筹(以别墅为基础资产)、平安好房海外房产众筹(以海外公寓为基础资产)、中信台达国际酒店式公寓众筹(以酒店式公寓为基础资产)和武汉绿地中心606项目众筹(以摩天大楼为基础资产)。此类众筹实质上是准 REITS 产品,通过众筹实现多人持有一个物业产品,降低单个投资者的投资额度,达到促进销售去化、改善项目现金流的目的。此类众筹一般的模式是,在众筹成功后,所有投资者将组建成立资产管理公司,由资管公司整体购买物业,并委托物业管理公司等进行管理运营;投资者通过金融产品持有物业相应权益,获得租金收益以及持有期内的物业增值价值;开发商以较高的销售价格获得现金,同时收取长期的资产管理费用。此类众筹通常门槛较高,持有期较长,一般要两年以上。和开发理财型众筹一样,制度上的缺陷决定了运营理财型众筹模式目前在国内尚无法大规模铺开。现有案例必须依靠开发商的价格折让来实现众筹的高收益。选择优质基础资产是此类众筹成功的关键。

旅游度假领域众筹的投资平台"多彩投",专注特定旅游投资产品,将投资、体验、旅游结合,打造"最美客栈"品牌。立足于市场,覆盖了传统金融与众筹暂无触及或无法精准运作的产品,既满足了产业链的投资需求,又能被大众所能理解和接受的风险可控产品,以满足大众投资理财的不同方向的需求。通过乡村众筹、创客投资等方式,乡村旅游地产可以更好地与互联网接轨,实现"互联网＋金融＋地产"等领域紧密结合。多彩投在客栈民俗方面提供的是股权私募式众筹,让普通投资者成为客栈股东,并取得定期收益回报以及每年免费体验的消费。独创的基于消费金融的消费众筹,消费者投资几百或几千元和股东们一起参与众筹,就能享受每年多次免费体验,或固定收益回报。多彩投目前所服务的项目包含了墅家、云山美地及墟里北京前门皇家驿栈等顶尖客栈品牌。本次调查数据显示有50.81％的人认为众筹模式与旅游地产相结合,是很好的模式,配上合理的收益模式,愿意去尝试。当然,依旧有33.06％的人根本不了解众筹,如图17所示。这也说明该模式的发展、推广难度和相关法律法规有待完善。

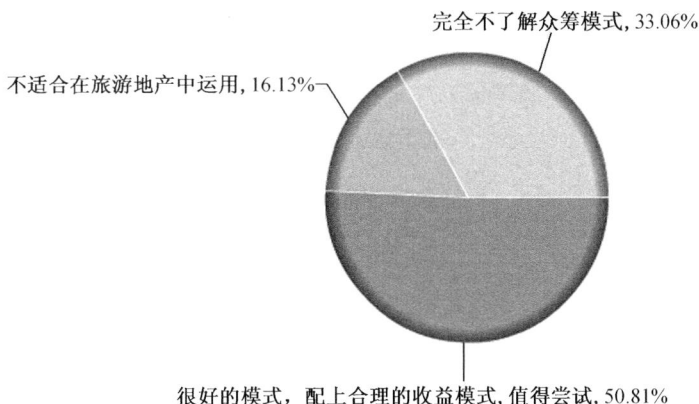

完全不了解众筹模式,33.06%

不适合在旅游地产中运用,16.13%

很好的模式,配上合理的收益模式,值得尝试,50.81%

资料来源:作者绘制

图17　对众筹＋旅游地产的不同看法

贵阳市"世界众筹金融小镇"初步规划2015年10月正式"出炉",项目坐落在贵阳观山湖区的阅山湖旁,预计总投资26亿元,占地总面积26.39万平方米,总建筑面积70.8万平方米,将用现代的手法来表现传统的民俗文化。"定位为中国首个众创、众联、众包、众享的世界众筹金融小镇,志在打造全国最优创业创客中心、未来世界众筹中心。"[147]众筹小镇的核心思路就是形成投资和消费一体化的解决方案,可简单概括为:参与投资、利益分享、锁定消费。千万粉丝参与众筹,就会形成资金、资源、能力、客户、产业、社区、教育、医疗等的集聚,他们的身份也从单一的消费者,变为"投资者与消费者"的结合体,从而使得开发商在开发初期就锁定了优质的众筹投资人和市场客户,既减轻了开发商的资金压力,又绑定了一部分物业,解决项目销售端问题。众筹小镇既可推动城镇化、产业、居住等一体化的发展,又可以从粉丝到消费者、从消费者到产业、从产业到城镇化,形成自我循环、自我造血、自我发展的经济综合体,打造出互联网化的新型城镇化发展模式。

4)旅游地产众筹可能出现的问题

(1)互联网众筹项目的资金、运营、信用监控机制不完善。由于众筹模式的发展主要依赖互联网,因此欺诈等网络犯罪屡有发生;由于缺少监督机制和信用监控机制,项目发起人常常将募集到的款项移作他用,导致融资流向不明,或因为没有明确的项目进展策划导致融资没有最大效应发挥其作用,出资人无法得到应得的报酬,致使公众对于众筹平台、众筹模式缺乏信心。另外,地产项目负责人因为自身原因或其他潜在风险,没有提前准备或采取应急措施,导致项目不能按原有进度顺利进行,从而导致项目搁置和失败。因此,我国政府应当与时俱进,完善互联网信用监控机制,改善国内的信用环境,提升公众对于众筹平台的信任度。

(2)众筹在中国的政策法律环境还不成熟,很多众筹创新模式与现行法律法规还存在一定的冲突,涉及不少法律风险问题。营销推广型众筹中的团购式、抽奖式、彩票式和拍卖式众筹可能涉及不正当竞争和虚假广告方面的法律风险,彩票式众筹还可能涉及非法发行彩票的法律风险;融资开发型众筹、开发理财型众筹和营销推广型众筹中的预先团购式众筹可能涉及的法律风险包括:违反《城市房地产管理法》中有关房屋预售的规定、《证券法》中关于发行证券的规定和《私募股权众筹融资管理办法》中关于投资者人数的规定;运营理财型众筹可能涉及的法律风险包括违反《证券法》中关于发行证券的规定和《私募股权众筹融资管理办法》中关于投资者人数的规定。

(3)众筹征信体系及诚信环境缺失,信用制度不健全。征信体系也是众筹平台的一大难点,通过陌生平台或者弱关系开展众筹,筹资人的信任机制、分配机制、退出机制是否健全到足以让人相信,而且持久相信,这是一个很关键的问题。项目发起人可以利用虚假信息进行圈钱,领投人也很可能是同谋。

自2014年以来我国众筹模式虽已运营4年,但仍缺乏成型的监督资金使用的规范和标准,出资人的权益得不到法律保证,全靠被资助者的自觉与良心来管理运用这些筹资。在旅游产品没有出来之前,出资人该如何弥补法律空缺,如何通过网络平台投资,如何在一个虚拟环境里保证诚信,是任何一个出资人首先需要解决的问题。与国外健全的信用机制不同,中国信用制度仍处于建设阶段,导致国内互联网的信用监控机制比较脆弱,欺诈现象屡有发生。虽然创投平台往往在投资人和筹资人之间安排第三方交易资金,但增加了交易成本,且第三方监管能力有限,不足以保障平台两方的资金安全和项目稳定。

(4)旅游地产众筹平台的盈利模式还存在问题,价值定位不准。中国式众筹网站的交易规则和盈利模式应该是,如果在规定时间内未达到预定筹款目标,系统会将已筹集到的资金退还给出资人;如果项目筹款成功,网站将根据筹得金额按比例收取佣金,佣金是主要收入来源,其次还有广告收入。这里的价值定位不仅是指筹资目标定价,也指相应的回馈定价。目标融资额一定要定在理性区间,定价过高,加剧众筹失败风险;定价过低,让人们质疑融资必要性,而且只有极少数的人愿意参与入门标准比较高的项目。由此看来,对投资者真实需求了解、市场初步分析和预估尤为重要。

(5)忽视融资过程中及后续互动。通过观察发现,对于很多项目,点赞的人数远远大于实际投资的人数。这说明很多人只是感兴趣,但最后没有进行实际的投资。追究其原因,有可能是投资者对项目还没有充分了解和信任。这时候就需要项目发起人和支持者积极互动,实现"兴趣"到"信任和购买力"的成功转化。其次,对于那些已投的投资者,后续的互动也非常重要。利用宣传上的蝴蝶效应,挖掘他们身边的隐形支持力,有很多项目因后续互动不足,导致宣传止步于现有的购买力。

(6)不少旅游地产的核心竞争力缺失。有些旅游地产项目有了恰当的定价,也有吸引人的文案,但是最终依旧鲜有人倾囊购买,原因在于项目没有核心竞争力。核心竞争力表现在地产项目的产品特色、运营模式、盈利模式以及对风险的控制能力等方面。如果不能将旅游地产产品与市场上其他地产的产品和服务区分开来,就不可能给投资者带来有效的物质回馈和情感体验。

(7)投资习惯不适应,中国社会对众筹认识不足,存在诸多误解。众筹在发展中国家普遍遭遇水土不服,原因在于国家间文化背景和投资习惯的差异。众筹是美国的创投业发展到较高程度后的金融创新成果,在西方国家有更高的接受度。但东西方的文化差异,发展中国家和发达国家的经济差异都是阻碍众筹推广的因素。首先,众筹吸引的投资人有很明显的时代特征,即熟悉互联网,具有开放思维,积极接触新事物等等,但这群人的投资能力却非常有限;其次,我国居民投资特点是相信亲友介绍,人际关系在中国的各行各业都十分重要,非专业出资人通常偏好在自己的社交圈里投资,网上投资很难被接受;再次,由于中国各地之前出现的民间借贷引发的跑路现象和对一些集资诈骗案件的处罚,使社会普遍把众筹与非法集资联系起来,一听到众筹立刻联想起非法集资问题[148]。投资习惯的转变需要一定的过程,正如网购的发展改变了消费格局和居民消费习惯一样,如果众筹的优势能够随着其产业自身的发展逐渐改变投资业的格局,那么国民的投资习惯自然也会随之改变。但在当前阶段,国民的投资习惯确实不利于众筹的普及和发展。

5)规避上述问题、风险的主要对策

(1)应尽快完善有关众筹的法律制度。对于众筹概念、众筹标准、与非法集资的区别等内容给予明确的条文规定,为众筹模式今后在中国的发展奠定相关的制度基础,保证其发展的合法性、有序性。由于现阶段我国对于"众筹"这一概念没有明确的定义或法律规定,使其极易与"非法集资"相混淆,众筹平台为避免触犯法律,便根据相应法律条文对投资行为做出某些限制,这样的限制削弱了众筹投资作用的有效发挥,也阻碍了众筹的快速发展。

(2)政府需完善互联网信用监控机制,改善国内信用环境。由于众筹模式的发展主要依赖互联网,因此欺诈等网络犯罪屡有发生。由于缺少监督机制和信用监控机制,项目发起人常常将募集到的款项移作他用,出资人无法得到应得的报酬,致使公众对于众筹平台、众筹模式缺乏信心。因此,我国政府应当与时俱进,完善互联网信用监控机制,改善国内的信用环境,提升公众对于众筹平台的信任度。

(3)相关政府部门应增强对知识产权的保护力度。为众筹平台的开放运行提供良好的法制环境。由于现阶段我国对于相关众筹项目的知识产权的保护几乎真空,众筹平台的开放运行无法完全避免创意被抄袭的风险,而项目发起人因难以保护自己的智力成果,导致项目很难进入投资执行阶段。基于此,众筹平台难以出现真正有价值的创意。因此,我国应当加强对知识产权的保护力度,完善相关法律规定,为众筹平台的有效运行提供良好的外部环境。

(4)提高旅游地产众筹平台质量,健全规章和权责。在现阶段,我国的众筹网站只支持以项目的名义募集资金。而出资人的收益也仅仅是实体产品,而非股份或资金。这严重限制了众筹作用的发挥,严重扭曲了投资行为,背离了众筹产生的初衷。因此,我国现有的众筹平台应当在合法合理的基础上,努力扩展相关业务范围,逐步使我国众筹模式有序发展。其次,众筹平台应当完善项目筹资标准,提升旅游项目质量,避免雷同,避免鱼龙混杂,有力保护项目发起人的智力成果。此外,众筹平台对于投资人的回报收益也应有所关注,建立投资人与项目发起人交流的桥梁,使投资人对自己投资的项目得到相关回馈,完善报偿索取制度,减少欺诈行为,保护出资人的合法权益。

(5)公众应正确理解众筹模式,既要克服盲目排斥,也要避免投机心理和跟风行为。虽然文化传统在短期内难以改变,但时代发展的潮流无法阻挡。众筹模式近年在中国的快速发展吸引了公众的目光,更多的普通出资人和创业者加入众筹的行列之中。由于信息来源单一、行业发展幼稚和制度规范缺乏,民众对众筹的发展缺乏信心;同时,有些出资人盲目跟风,将众筹作为快速致富的途径,而少数作为创业者的项目发起人将众筹当作圈钱的工具,损害出资人的利益和众筹平台的信誉,影响了众筹的生存和发展。希望广大民众端正投资态度,尽可能充分详尽地掌握平台方、筹资人和项目的有关信息,在保护财产安全的前提下积极参与到众筹中来,从而推动中国众筹的健康快速发展。

6）旅游地产众筹的发展潜力

2015年上半年国内房地产众筹整体交易额已经超过10亿元,相比全国每年数万亿级的房地产销售规模,占比不值一提[149]。但随着越来越多的旅游地产企业开始认识、重视并实践旅游地产众筹,这一创新型融资方式和营销方式必将蓬勃发展。不过,各类旅游地产众筹的发展潜力不尽相同。

（1）融资开发型众筹很可能颠覆传统的房地产开发模式,成为一种商业创新模式,但同时也面临着对房地产传统审批流程规定的违反。此类众筹模式有可能成为部分旅游地产企业向轻资产运营转型的实施路径。

（2）营销推广型众筹并没有触及众筹融资的实质,难以成为旅游地产众筹未来的主流模式,在现阶段房地产销售低迷的背景下可以获得营销去化的良好效果,而且易于操作,受消费者关注度高。既然是营销手段,可以预见,这一类型的旅游地产众筹将趋向娱乐化,包装和宣传至关重要,项目发起方要学会讲好玩的故事。

（3）开发理财型众筹和运营理财型众筹在商业模式上具有创新性和合理性,有可能成为未来房地产众筹发展的主流,但面临较大的市场风险和监管风险,法律上的合规性仍值得探讨。随着政府对相关法律法规的进一步规范明确、在税收政策上给予支持以及房企商业运营模式的逐步成熟完善,这两类众筹未来有望获得更大的发展空间。

目前,旅游众筹项目相关操作经验十分有限,游客群体的认知程度、业界筹资习惯、众筹平台成熟程度等也存在许多问题,未来还有很长的一段路要走。

2. PPP 模式

1）概念及诞生

PPP 模式即 Public—Private—Partnership 的字母缩写,通常译为"公共私营合作制",是指政府与私人组织之间,为了合作建设城市基础设施项目。或是为了提供某种公共物品和服务,以特许权协议为基础,彼此之间形成一种伙伴式的合作关系,并通过签署合同来明确双方的权利和义务,以确保合作的顺利完成,最终使合作各方达到比预期单独行动更为有利的结果。

1992 年英国最早应用 PPP 模式。适用于 PPP 模式的工程包括:交通(公路、铁路、机场、港口)、卫生(医院)、公共安全(监狱)、国防、教育(学校)、公共不动产管理。智利是国家为平衡基础设施投资和公用事业急需改善的背景下于 1994 年引进 PPP 模式的,结果是提高了基础设施现代化程度,并获得充足资金投资到社会发展计划,至今已完成 36 个项目,投资额 60 亿美元。巴西于 2004 年 12 月通过"公私合营(PPP)模式"法案,该法案对国家管理部门执行 PPP 模式下的工程招投标和签订工程合同做出具体的规定。据巴西计划部称,已经列入 2004—2007 年发展规划中的 23 项公路、铁路、港口和灌溉工程将作为 PPP 模式的首批招标项目,总投资 130.67 亿雷亚尔。[150]

2) PPP 模式的优点

多年来,我国对国有旅游资源的开发一直采取以财政投入为主的模式,一方面是因为政府不愿意将能够带来稳定财政收入的优质旅游景区资产与企业分享,同时也因为缺少一个良好的商业模式促进政府与企业就景区开发项目进行合作。在政府职能转变及政府投资体制改革的大背景下,PPP 模式也许能够为企业投资旅游景区开发项目提供新的契机。2014 年开始,国务院倡导在各个领域大力推广政府与社会资本合作模式,同时鼓励调动社会力量采取 PPP 等模式投资建设和运营旅游项目,财政部、发改委出台多项政策与指导意见,规范和引导 PPP 模式的推广。一时之间,PPP 模式炙手可热,成为社会广泛议论的话题。PPP 模式优点如下:

(1) 应用 PPP 模式有利于缓解旅游地产的融资难题。旅游项目的投资规模大、回收周期长、融资渠道窄、投资风险大,导致融资难成为项目开发的一大瓶颈。一方面,应用 PPP 模式,创新投融资机制,引入社会资本投资,可以缓解政府建设资金的不足。减轻地方政府财政负担、化解地方债风险正是国家有关部门推广 PPP 模式的主要出发点之一。另一方面,政府通过投资补助、基金注资、担保补贴、贷款贴息等方式支持引入社会资本的项目,强化社会资本信心。

(2) 应用 PPP 模式有利于处理政府与旅游景区项目开发主体的关系。应用 PPP 模式的协调机制,政府与旅游景区项目开发主体共同筹划,充分协商,将双方的权利、义务、责任、风险铺陈开来,用合同文本固定下来,形成一种利益共享、风险共担的合作伙伴关系,尽可能减少行政意志干预开发,减少开发效果与政府规划背道而驰,减少不必要的争议。

(3) 应用 PPP 模式有利于处理旅游地产项目开发主体与周边居民的关系。周边居民的生活一定程度上会受到项目开发的直接或间接影响,反之亦然。旅游项目开发主体往往不能依靠自身能力去协调景区周边居民的利益,这就需要政府与旅游项目开发主体在签订合同前充分考虑包括周边居民在内的各相关方的利益,明确由政府加强关联性研判,提前预见和妥善处理周边可能出现的负面关系,避免开出招商引资空头支票,避免由政府换届等因素引起的合作关系不连续,为项目开发创造良好的发展环境,确保旅游项目开发平稳有序开展。

(4) 应用 PPP 模式有利于发挥旅游项目开发主体的专业优势。让市场在资源配置中发挥决定性作用,不仅要将市场上的资金调动起来,也要创新机制让市场的专业人才、技术、观念和管理活起来、用起来。旅游项目开发主体利用其专业经验和观念,由旅游专业人才运用专业技术和管理来规划、建设、整合、运营、包装和推广旅游,使之更加顺应市场规律和符合人民群众需求。

3) 运作思路

PPP 模式是一个完整的项目融资概念,但并不是对项目融资的彻底更改,而是对项目生命周期过程中的组织机构设置提出了一个新的模型。它是政府、营利性企业和非营利性企业基于某个项目而形成以"双赢"或"多赢"为理念的相互合作形式,参与各方可以达到与预期单独行动相比更为有利的结果,其运作思路如图 18 所示。民间资本有着机制灵活、决策快速的特点,民间资本全方位进入旅游业,有助于抢抓战略机遇,提升产业发展的综合力量和综合素质。然而,社会资本投资大型旅游景区的整体开发与运营,一方面须与政府合作,另一方面必须面对旅游资源开发与旅游资源保护之间的张力,因此需要一个能够协调政企合作关系、平衡企业营利与政府公益的合作模式。可以预见,在未来一段较长的时间内,发展 PPP 模式将成为我国旅游地产投融资体制机制改革和管理模式创新的重要趋向。

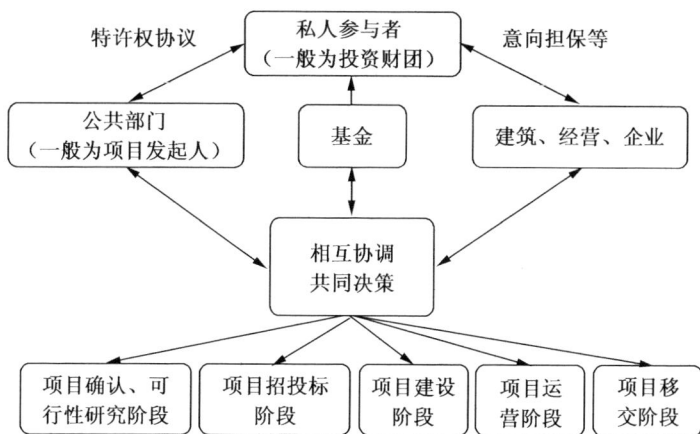

资料来源:作者绘制

图 18　PPP 模式运作思路

4) PPP 模式存在的问题

PPP 融资模式的初衷是鼓励私营企业与政府进行合作,参与公共基础设施的项目建设。通过这种合作方式,促使合作各方所取得的效果要比单独行动的预期效果更好。其初衷是为了达致"1+1>2"的双赢结局的融资模式,不难发现,近十年来成功者少,而失败者却比比皆是,这类模式为何在实践中屡屡受挫呢?

(1) 部分地方政府将 PPP 异化为支撑其投资冲动的融资工具。为控制地方性债务风险,国务院和财政部连续发文规范地方政府举债行为,传统的融资方式难以为继。财预〔2014〕351 号文中规定地方政府负有偿还责任的存量债务能"通过 PPP 模式转化为企业债务的,不纳入政府债务",此举进一步激发了地方政府申请旅游地产 PPP 项目的热情[151]。2014 年下半年以来,各省陆续公布了 PPP 项目清单,涵盖众多领域,投资额动辄几亿乃至上百亿元不等。不少旅游地产 PPP 模式的项目,没有经过前期论证,也没有基本的交易结构设计,只是将原有的项目改头换面。地方政府希望通过 PPP 模式规避基础设施投资支出的财政限制,为其投资需求提供融资支撑,蜂拥上马的旅游地产 PPP 项目从长期来看都存在较为严重的风险隐患。另外,旅游地产 PPP 项目虽然没有地方政府的显性背书,但其涉及的大部分是基础设施建设,具有"准公益"特征,与公众利益紧密相关,一旦经营失败,最终还是要由政府承担其社会成本,即 PPP 模式会增加地方政府的或有负债,缺乏有效监管会形成地方性债务的新敞口。

(2)存在金融风险隐患。旅游地产 PPP 项目投资规模大,仅仅依靠财政资金和私人部门自有资金难以满足需求,必然要求通过银行贷款、发行债券、私募基金等方式筹集建设资金,存在一定的金融风险隐患。一是集中偿付风险,在中央的推广下,地方政府集中上马了大批 PPP 项目,各个项目的时间跨度长、还款周期相似,到了集中偿还期,项目公司无力偿付,地方财政不能对风险兜底,金融机构的坏账会大幅增加,财政风险向金融风险转移。二是贷款项目错配风险。旅游地产 PPP 项目涉及的关联方多,在建设和运营过程中多存在贷款挪用现象。三是期限错配风险。旅游地产 PPP 项目经营周期长,特许经营期一般在 15~30 年之间,而以银行贷款为主的外源融资期限普遍在 10 年以内,存在"贷短用长"的期限错配现象[152]。四是追索权风险。旅游地产 PPP 项目通常缺少传统意义上的抵押物,外部融资一般采用未来的现金流收入作为担保,政府只承担特许经营权给予、合理定价等责任,不承担偿偿债责任。商业银行对项目资产以外的其他资产无追索权或有限追索权,这对商业银行传统的风险缓释措施和控制方法提出了挑战。

(3)项目审批存在多头管理,效率低下。目前,还没有确定旅游地产 PPP 项目的归口监管部门,这就导致审批复杂、责任不明确、项目碎片化管理。发改委、建设规划、土地、环保、水务等政府部门对旅游地产相关领域的 PPP 项目都有审批权。多头管理使项目决策和实施效率低下,企业报批往返于各个行政部门。这客观上增加了项目的财务成本,降低了公共服务效率。有些优质旅游地产 PPP 项目甚至因为审批过程冗长而最终"流产"。

(4)缺乏科学的定价机制,无法确保各利益相关方的合理权益。一是运营阶段的定价机制不健全,表现为政府对项目真实运作情况测算不准,给予社会资本过多承诺,甚至完全承担了市场风险。二是动态调价机制缺失。旅游地产 PPP 项目的建设和运营周期较长,市场环境的变化必然会导致运行成本的波动,这就需要引入动态调价机制,以保证项目正常的盈利。

(5)旅游地产 PPP 项目建设、运营的各个环节缺乏透明度。PPP 项目主要涉及公用事业领域,受到社会公众的广泛关注,这就要求项目信息必须及时公开。

但现有 PPP 项目大部分缺乏透明度,主要表现在:在决策阶段,没有征求、听取公众意见和建议,造成公众对环评、安全、监管等各个环节的不信任;在招投标阶段,招投标主体和招投标文件不规范,存在着暗箱操作的可能与风险;在建设阶段,无法做到定期公布项目建设进展及竣工验收情况,公众对项目建设的知情权得不到保障;在运营阶段,公众无法了解项目相关数据和信息,易对项目产生抵触情绪,最终导致项目流产。

5)完善和推广旅游地产 PPP 项目的建议

(1)规范旅游地产 PPP 项目管理和运行。为维护 PPP 项目各方利益特别是公众利益不受损害,必须制定一套管理办法明确各方责任。在中央层面立法较为困难的情况下,各省应选择市场化程度高、投资规模大、调价机制灵活、长期合同关系清晰的 PPP 项目进行试点,并在此基础上先行探索各自的管理暂行办法和操作指南。管理办法的主要内容应包括:对旅游地产 PPP 范围进行清晰的界定,明确政府部门(特别是财政部门)和私营部门各自的权利和义务,并对如何保障公众利益做出规定;保证项目承包商通过公开透明的竞争性程序,建立旅游地产 PPP 合同的修订、退出机制以及纠纷处理机制;对旅游地产 PPP 项目运作的一些技术因素加以规范,对项目评估、合作伙伴选择、招投标、合同订立、投资建设、项目补贴、风险管理、绩效评估等方面做出规定。操作指南则要对 PPP 项目承接主体的准入条件、推进旅游地产 PPP 模式的基本流程和实施的法律文本要点等内容进行详细说明,以实现项目的操作规范化和流程清晰化。

(2)将旅游地产 PPP 项目中的政府偿债责任纳入预算,研究制定地方政府的旅游地产 PPP 项目规模上限。为避免旅游地产 PPP 项目成为地方性债务的新敞口,财政部门要抓紧编制地方政府资产负债表,并将符合条件的 PPP 项目的资产和负债计入其中。省级财政部门应建立专门的旅游地产 PPP 项目名录管理系统和财政补贴监测统计系统,按照《地方政府存量债务清理处置办法》指导地市级财政部门确定合理的财政补贴。在旅游地产 PPP 项目中确需地方政府或其部门、单位依法承担偿债责任的,偿债资金要按性质纳入相应的政府预算管理。重点做好融资平台公司项目向旅游地产 PPP 项目转型的风险控制工作。

(3)加强“一行三会”和地方政府的协调合作,防控金融风险。一是合理安排旅游地产 PPP 项目期限结构,避免财政风险金融化。各地财政部门要对辖内的旅游地产 PPP 项目做出统一规划,合理确定旅游地产 PPP 项目债务的期限安排,避免集中到期导致偿付风险。在项目前期准备开发阶段,要引导项目各参与方根据区域债务期限特点安排债务期限结构,制定合理的融资规划。在此基础上,金融机构对项目现金流和政府的支持安排等进行分析,确定融资支持的还款方式、还款周期等关键要素,有效规避金融风险。二是推进确权工作,为旅游地产 PPP 项目融资提供有效质押物。开展收费权、排污权、特许经营权、集体林权、集体土地承包经营权、宅基地使用权等的确权工作,建立产权交易市场,鼓励金融机构开展担保类创新贷款业务。支持银行业金融机构发放工程供热、供水、污水处理、发电等预期收益质押贷款,允许将相关收益作为还款来源。三是充分利用直接融资工具,满足旅游地产 PPP 项目长期资金需求。鼓励旅游地产 PPP 项目采用公司债券、项目收益债券、企业债券、中期票据等方式通过债券市场融资。在加强监管的前提下,鼓励通过开展债权投资计划、资产证券化、股权投资计划等融资工具为旅游地产 PPP 项目提供长期资金,缓解期限错配问题。四是由金融监管部门联合财政部、发改委等部门建立专门的 PPP 项目统计制度,对旅游地产 PPP 项目融资情况进行专项统计监测,将项目相关方融资及使用情况纳入监测系统,避免信贷违规挪用。

（4）建立科学的定价和绩效评价机制,实现政府、私营部门和社会公众利益共享。一是建立成本信息对称机制。"成本加合理利润"原则在确定旅游地产 PPP 项目产品初期价格上依然有效,但关键是使双方的成本信息对称。要进一步完善招投标机制,发挥竞标在价格发现方面的功能,使私人部门成本公开化。政府相关部门也要定期开展成本调查,提高成本管理水平,确保私人部门如实反映成本信息。二是建立动态调整的收费定价机制。为保持对社会资本足够的吸引力,需要定期对价格进行调整。参考国内外旅游地产 PPP 项目运作的成功经验,以3~5年为周期进行调整比较合适,事先设置一个盈利的上下限,再综合考虑服务需求量、通货膨胀率、当地平均收入、融资成本等因素,让社会资本盈利但不暴利。三是建立严格的外部绩效评价机制。构建包括政府相关部门（财政、审计等）、中介机构、专家、社会公众在内的多层次评价体系,进行事前、事中、事后的全过程评价。重点在于组建一批有专业知识和实务能力的第三方中介组织,由政府聘请,负责对项目建设等进行综合绩效评价,以确保项目运营实现预期的效果。

（5）定期公布披露旅游地产 PPP 项目详细信息,保证建设和运营公开透明。一是定期公布旅游地产 PPP 项目储备,说明这些项目准备何时招标,何时开工建设,社会资本的资质要求等内容;二是定期公布进入规划的项目情况,尤其是环评、安全等涉及公共利益的信息;三是定期公布项目招投标情况以及在建项目建设进展及竣工验收情况;四是在特许经营期内,要求特许经营者定期公布其有关特许经营的财务信息;五是定期统计地方政府资产负债表的 PPP 项目的资产和负债,并公布信息,以有效控制旅游地产 PPP 项目的财政风险。

综上,应用 PPP 模式是破解旅游项目开发关键性难题的实用手段。在 PPP 模式政策环境不断完善、制度设计不断优化的时代背景下,旅游业界应当加强相关研究,密切关注最新的投融资体制机制改革和管理模式发展动态,用 PPP 思维策划布局、解决问题、谋求发展，以时不我待的节奏为旅游景区项目开发破题。

3. 私募股权基金

1）概念

所谓私募股权基金，一般是指从事非上市公司股权投资的基金（Private Equity，简称"PE"）。目前我国的私募股权基金已有很多，包括阳光私募股权基金等等。私募股权基金的数量仍在迅速增加。私募股权基金的募集对象范围相对公募基金要窄，但是其募集对象都是资金实力雄厚、资本构成质量较高的机构或个人，这使得其募集的资金在质量和数量上不一定亚于公募基金。可以是个人投资者，也可以是机构投资者。

除单纯的股权投资外，出现了变相的股权投资方式（如以可转换债券或附认股权公司债等方式投资），和以股权投资为主、债权投资为辅的组合型投资方式。这些方式是私募股权在投资工具、投资方式上的一大进步。股权投资虽然是私募股权投资基金的主要投资方式，其主导地位并不会轻易动摇，但是多种投资方式的兴起，多种投资工具的组合运用，也已形成不可阻挡的潮流。私募股权投资的风险，首先源于其相对较长的投资周期。因此，私募股权基金想要获利，必须付出一定的努力，不仅要满足企业的融资需求，还要为企业带来利益，这注定是个长期的过程。再者，私募股权投资成本较高，这一点也加大了私募股权投资的风险。此外，私募股权基金投资风险大，还与股权投资的流通性较差有关。

2）地产私募股权基金主要的组织形式

（1）公司型

公司是指依法成立的、以盈利为目的的企业法人。根据《公司法》的规定，公司一般分为有限责任公司和股份有限公司。公司型的私募股权基金是借用公司的外壳来组织和运作基金的。公司型的地产私募股权基金本身就是一种公司组织，投资者通过认缴出资或购买公司股份而成为公司股东，成立股东大会并选举董事会和监事会，通常由董事会进行决策基金的运作管理方式。公司型的私募股权基金有自我管理和委托管理两种做法。目前多数的做法是委托管理，即：通过董事会的决策来外聘专业化的基金管理公司具体运营和管理私募股权基金，在基金与基金管理公司订立的委托管理协议中明确和约定管理费用、报酬等重要事项。目前适用于我国公司型私募房基的法律法规包括《公司法》《证券法》《创业投资企业管理暂行办法》等。

（2）以信托为介质依托的契约型

本身并不具有法人或非法人的实体组织形式，而是相关当事人间的一种契约安排，依照《信托法》的规定订立书面信托合同并交付信托财产即可设立。在信托为介质依托的契约型私募房基中，委托人和受托人分别是基金投资者、基金管理人,双方是一种信托关系,受托人(基金管理人)根据契约的规定接受委托,以自己的名义管理和处分信托财产,其运营信托财产的目的是让委托人获得收益。为避免信托财产与受托人自己财产的混同,信托财产一般由独立的第三方(一般是银行)进行保管,独立的第三方可以监督受托人的行为。目前适用于我国契约型私募房基的法律法规包括《信托法》《信托公司管理办法》《集合资金信托计划管理办法》等。

(3)有限合伙型

有限合伙是指由普通合伙人(General Partner,GP)与有限合伙人化(Limited Partner,LP)共同组成的合伙企业,普通合伙人对合伙企业债务承担无限责任,有限合伙人对合伙企业债务承担有限债务,我国 2007 年《合伙企业法》第六十一条规定:有限合伙企业由二个以上五十个以下合伙人设立;但是,法律另有规定的除外。有限合伙企业至少应当有一个普通合伙人。有限合伙型私募房基,是指投资者(有限合伙人,LP)与基金管理人(普通合伙人,GP)通过签订合伙协议,共同出资形成合伙关系,所有资产交由基金管理人(普通合伙人)进行运营管理,有限合伙人化仅在其出资范围内对合伙债务承担有限责任,而普通合伙人则对合伙债务承担无限责任的一种基金组织形式。有限合伙制私募基金的组织形式如图 19 所示。

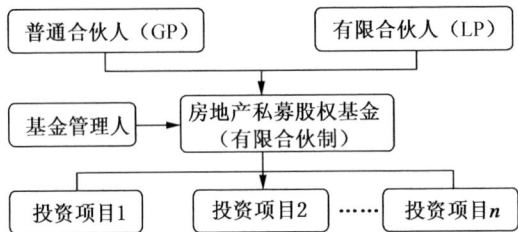

资料来源:作者绘制

图 19　有限合伙制地产私募基金的组织形式

3)旅游地产私募股权投资模式的基本运作过程

(1)首先是设立基金,根据组织形式的不同,房地产私募股权基金分为信托制旅游房地产私募股权基金、公司制旅游房地产私募股权基金、有限合伙制旅游房地产私募股权基金。不同形式的房地产私募股权基金的设立规则各不相同。其中,公司制房地产私募股权基金具有以下特点:公司作为独立法人,可以向银行贷款筹集资金,而合伙制和信托制的股权基金不可以;公司制组织形式在很多国家有悠久的历史,也形成了一套相对完善的运作机制、组织结构和非常规范的管理系统,运作风险相对较低;公司制股权基金的股权转让不会影响其他股东的权益,所以公司制股东退出较为容易。其次是募集资金,募集资金是长期投资者承诺出资的形式。基金管理公司发现合适的投资机会时,提前一段时间通知基金份额持有人进行注资即可。

（2）再次是房地产项目使用资金，从房地产资金收支来看，资金流出主要包括六大成本支出（土地成本、前期费用、建筑安装成本、基础设施建设成本、配套设施建设成本、开发间接费）和三项费用（管理费用、销售费用、财务费用），旅游房地产开发项目更多地将资金使用于各大环节。

（3）最后是基金退出套现。从某种角度来说，所谓的退出决策就是利润分配决策，即决策私募基金投资以什么方式和在什么时间退出企业可以使投资利益最大化。

4）我国旅游地产私募股权投资基金存在的问题

（1）对旅游地产项目层面的投资尚未形成专业化、精细化的分析框架。国内旅游地产私募股权基金发展时间较短，且以信托计划的形式为主，管理人主要以信托机构或商业银行指定的第三方机构，因此在项目考察和分析时主要按照商业银行抵押贷款的思路进行操作，着重看项目的抵押价值和操盘方的信用风险，而未能真正地对项目所在市场的风险、项目定位、竞争情况等进行考察，基本上未能使用 DCF 模型对项目的股权价值进行判断，从而承担股权投资风险和收益。

（2）投资工具偏债务轻权益。在目前的地产市场环境中，债务属性较权益属性占比较高，是因为：在传统中国金融市场中，传统的银行、保险、信托等金融机构基本上全部偏好以债权形式进行投资，而在负债端同样以理财、保险单、信托计划等形式对个人投资者保证的固定收益产品形式进行资金募集。因此，在这样的金融市场环境和投资偏好情况下，对于基金管理团队而言，相对权益型的旅游地产私募股权基金，固定收益类的旅游地产私募股权基金的资金募集要容易得多。另外，虽然权益型的旅游地产项目的潜在回报会更高，但风险也更大，这就要求基金管理人对项目和资产的风险进行更好的识别。而目前国内旅游地产私募股权基金管理人的知识储备大多依赖过去的债权类投资经验，较西方市场有一定的差距，因此能力略有不足，只能先以债务型的投资为主。

（3）旅游地产缺少相应的退出机制和专业人才。中国目前尚没有真正意义上的房地产投资信托，但随着旅游地产市场发展程度的加深，传统的融资结构在限制了旅游地产行业创新的同时，增加了旅游地产行业融资渠道受政策影响而出现紧张的风险。在我国，IPO 是私募股权退出的首选途径，但是这种高度依赖 IPO 退出的方式影响了私募股权基金的回报率，加上目前我国多层次的资本市场发展仍不完善，导致我国私募股权投资基金退出渠道窄。并且缺乏高素质 PE 专业人员，这一点严重制约了我国旅游地产私募股权投资业的发展。[153]

（4）没有真正意义上的机构投资者。在发达市场国家，旅游地产私募股权基金的募集资金中，有很大一部分是机构投资者作为投资人进行投资的。保险机构、养老基金、捐赠基金等往往比较偏好可以提供风险收益比较高的地产私募股权基金。而我国目前银行和保险为主的机构投资者直接参与房地产私募股权基金还是有较多限制的。

(5)相关政策法规并不完善,监管机制责任不到位。我国现行《证券法》虽对非公开发行证券有所规定,但并未将 PE 等私募形态基金纳入规范范围,自 2016年初开始,基金业协会陆续公布了一系列公告及办法,但是关于旅游地产的私募基金的法律少之又少。私募股权投资基金涉及募集资金和投资活动,触及面广,涉及部门较多。容易造成监管法律基础缺失、监管主体不明确、具体监管机制设计不够完善以及政府监管与自律监管边界不清晰等主要问题,在实务上对私募股权投资基金发展产生困扰。

5)旅游地产私募股权基金的发展方向

(1)有限合伙制具有制度优势,是旅游地产私募股权基金的主流发展方向。采用有限合伙制的旅游地产私募股权基金由普通合伙人(GP)与有限合伙人(LP)组成,普通合伙人负责投资项目的评估、选择、决策和日常管理,一般出资额占基金的 1%,对基金承担无限责任;有限合伙人不参与基金的运营和企业管理,一般出资额占基金的 99%,只以其认缴的出资额为限对基金债务承担有限责任。

(2)旅游地产开发企业设立的旅游地产私募基金与独立的旅游地产私募基金将长期并行发展为拓宽融资渠道,许多知名的大型旅游地产开发商都设立了自己作为大股东的旅游地产基金管理公司。旅游地产开发企业发起设立的旅游地产私募基金在国内房基领域占有相当的比例,这种作为旅游地产开发企业集团融资平台作用的私募基金是当初筹建的最初目的。依托私募房基的强大融资能力,大型旅游地产开发企业可以不必担心资金链问题而在市场上大展拳脚,去开发规模更大的项目,增强了企业竞争实力和市场抗风险的能力。但同时也应该看到,旅游地产开发企业自己设立旅游地产私募基金,明显降低了基金管理者与被投资企业的独立性,这并不利于旅游地产私募基金的长期健康发展。因此,一个旅游地产开发企业想要成功地吸引或发起设立一个旅游地产基金,有必要采取有效措施来防范道德风险和逆向选择的问题,增强基金的透明性。

6)对旅游地产私募股权投资市场的发展建议

(1)加强行业监管与自律。私募股权基金是一种投资于未上市企业股权的资本,由于只面向那些具有较高资金实力、风险承受能力较强的投资者,而与公开证券市场的一般投资者不同,因此其交易的不透明性给行业监管也带来难度。尤其对于旅游地产开发企业设立的私募基金,其关联交易的监管更是难题,这就需要相关监管法规的完善和行业的自律约束,形成政府监管与行业自律并重、监督机制积极有效的格局。可从建立报告制度和非公众化的信息披露制度入手,来强化行业的监管和自律。例如:私募基金投资的项目,均应在招募说明书中向投资人充分说明和揭示风险,并定期向投资人书面报告基金的运作情况,最大限度地减少信息不对称,减少道德风险,便于投资者及时掌握信息来规避或控制风险。同时,旅游地产私募基金可以定期向监管部口报告基金的运行情况,便于监管部分的有效监督。另外,我国对于私募基金没有基金托管的强制要求,实际操作中有部分地产私募基金采用基金托管方式。在旅游地产私募基金中引入基金托管,能够改善基金的治理结构,通过托管人对基金的监督,可以及时发现、提示和预警基金管理人的不正当甚至违法违规行为,督促基金管理人履行勤勉尽责的义务,也有利于监管部口的及时有效监管。

(2) 政府适度放松管制,允许机构投资者进入旅游地产私募股权基金领域。有别于国外的私募基金筹资领域,我国目前的私募基金募集对象仍然受到限制,例如:社保基金、保险资金等机构投资者对私募基金的投资依然存在诸多限制。对旅游地产私募基金而言,这无疑极大地限制了其融资范围和融资规模;同时对于机构投资者而言,也失去了许多投资收益较高的投资机会,不利于资金的保值增值。由于机构投资者在信息获取、项目评估、风险识别与控制方面较个人投资者具有明显优势,因而在旅游地产私募股权基金中若能更多地引入机构投资者,将有利于改善募集对象的结构组成、有利于项目的风险控制、有利于完善基金的内部治理结构。因此,建议政府适度放松管制,允许社保基金、保险资金等机构投资者以一定比例或风险可控的方式投资于旅游地产私募股权基金,拓宽私募基金的融资范围,并让机构投资者在总体风险可控的前提下分享较高收益。也建议政府适度放松外资对旅游地产投资的限制,尤其是放松对旅游地产私募股权基金的投资限制。因为外资的私募股权基金发展历史长、运作和经营管理经验丰富,与本土的私募股权基金公平、公开同台竞技,有利于私募基金行业的长远发展,促进本土的旅游地产私募基金的规范运作和进步。

(3) 发展和完善多层次资本市场,为地产私募股权基金的退出提供支持。旅游地产私募股权基金的退出变现是投资的最终目的,通过 IPO 上市转让股权退出是最容易得到溢价的、非常理想的基金退出途径。另外,通过股权出让也是一种不错的选择。目前,我国的多层次资本市场包含有主板市场、创业板市场、中小板市场、场外市场等,但未能为非上市公司的股权转让和交易提供良好条件。当前,我国多层次的资本市场还不完善,需要继续发展和完善多层次的资本市场,建立由主板、创业板、中小板、柜台交易市场、产权市场、海外证券市场构成的、多层面的退出体系,为包括私募房基在内的其他股权基金退出提供渠道和支持。拟公开发行股票上市的在境内或境外证券交易所上市,未上市的在柜台交易市场或产权交易市场流通转让,同时对赴境外上市的私募基金给予政策引导和审批环节放松管制,给私募房基的顺利退出提供渠道和支持。若能在全国范围内建立旅游地产股权交易市场,有利于旅游地产私募基金行业标准的建立和行业内的并购整合,有利于旅游地产化募股权基金的长期、稳定、健康发展。

(4)培养旅游地产私募股权基金领域的专业人才。旅游地产私募股权基金跨越了房地产、旅游、金融行业,是房地产金融的典型体现。旅游地产私募股权基金的运作涉及投资项目的评估、选择、决策,房地产项目的经营管理、资金的募集与管理、投资收益的测算与分配等诸多环节,需要既懂基金运作又对房地产行业深入了解的复合型人才。因此,兼有旅游、房地产、金融行业知识与实践经验的人才对行业发展的意义不言而喻。当前,我国缺乏此类具有全面知识储备和投资经验的复合型人才,需要大力培养和挖掘。同时,对于国外的旅游地产私募基金人才,也应该创造条件吸引或大力引进,并搭建国内与国外人才交流的平台。在国内的房地产行业与金融行业,应为专业人才创造条件鼓励双向流动,使得人才能够在房地产行业与金融行业相互流动、相互融合,为我国的旅游地产私募股权基金发展提供人才与智力支持。

(5)制定《产业投资基金法》及有关的管理办法。可参考美国的立法原则和一些具体做法,对旅游地产私募股权基金的设立、募集资金、投资方向、收益分配、监管要求等方面进行明确和界定,保障基金投资者的利益不受非法侵害,使我国的旅游地产私募股权基金在有法可依的情况下稳健发展。目前适用于我国有限合伙型私募房基的法律法规包括《合伙企业法》、地方出台的有关有限合伙管理的制度办法等境内地产基金多做债权类业务,采用"假股真债"模式,不愿意使用股权投资参与项目收益。但境外成熟市场内,基金则以股权投资为主、主动进行资产管理。

然而,近年来房地产行业调控不断,金融管制逐渐加强,房企通道类生存空间愈发狭窄,房地产基金正回归"本真",真正的股权投资逐渐受到认可。而在经济"去杠杆化"趋势下,房企也在加速践行轻资产转型,这些都给地产私募股权基金带来了更多的机会。2017年5月,由中国金茂与麦格理资本共同组建的房地产私募基金管理平台JM Capital(以下简称金茂资本)旗下金茂(嘉兴)投资管理有限公司正式获得私募基金管理人牌照,金茂资本在地产私募股权投资领域迈出重要一步,然而旅游地产运用该模式属于起步阶段。[154]

总之,除了以上介绍的融资模式外,还有其他的类型,从旅游地产企业角度来看,大型企业还可选择选择境内上市、境外上市、发行企业债、国外商业银行贷款;中型企业适宜选择投资信托、企业并购、国内商业银行贷款;小型企业适宜选择众筹、私募资金、金融租赁、合作开发、典当融资。结合各种融资模式的特点,然后根据企业自身情况,找到企业自身适合的融资模式,使自身投入更少,获得更多,收益最大化。

第三节　新开发模式的剖析比较

通过对以上几类创新开发模式的剖析,可以看出每种开发模式对开发资源的整合能力、环境的适应能力、自身的整合能力、服务软实力、资金实力的要求是不同的,这为建立研究模型提供参考和依据。

一、新需求模式剖析

此类模式的地产企业是在现代开发模式的基础上,结合现今的地产相关政策、社会发展趋势、环境状况、消费转变、科技水平等因素,结合自身情况,做好大的战略规划,进行深入分析研究,选择其中适合自己的某个或多个方向进行突破发展。这需要企业有很强的整合自身资源的能力和相关服务能力,因属于探索性的模式,需要花费很多的精力去进行研究和尝试,同时对资金需要量也较大,特别是海外投资模式,对相关的资金运营能力要求也很高。例如旅游与大健康的结合模式,开发企业要充分研究未来养老、养生、医疗等发展趋势和国家相关政策,结合自身实力和自有的资源,从购买者特殊需求出发进行规划。若养老社区居民定位以退休者为主,社区的安全性、医疗、购物等配套设施和服务的便利度就成为必要条件。

二、新服务模式剖析

当某些特定的项目已经拥有先天良好的风景旅游资源和经济环境,已经配套了部分商业区、医疗点、办公室、商务中心、通信设施等的情况下,如何更好地提升服务,为后期开发做更好的铺垫呢?这需要在现有环境基础和运营、服务模式上,结合自身条件提供更多增值服务;还需要充分研究如今的人们的消费理念和消费模式,利用现代的互联网思维和技术,利用智慧社区平台或自建社区平台,使人们得到更多、更便捷的服务,从而带动更好的相关产业销售和运用多元的盈利模式,从而使开发商获得更多收益。此类模式需要更多地关注外部环境以及提升自身的内部服务能力。

三、新运营模式剖析

采用这种模式的项目可位于经济水平一般,旅游资源情况、配套设施较好,盈利状况一般,采用现代的模式一直没有起色,需要通过新的运营,为内外条件一般的企业打开很好的局面。这种模式需要结合自身条件,可以充分利用互联网收集大数据,研究利弊、机会和威胁,选择适合自己的运营模式,可以与电商合作、旅行社合作,实力较好的公司,可以同时采用多种合作方式。当然,内外部条件都很好的项目,配套这种开发模式,或结合其他新的开发模式一并进行,自然也会获得较好收益。

四、新业态模式剖析

旅游地产已有的开发类型比较丰富,同时也运营了很多年,国外有很多成熟经验,然而国外的业态,并不一定适合中国。新业态的运用,需要对国情、当地经济、社会文化、环境政策相当了解,充分研究如今的消费理念、生活习惯、旅游模式,结合互联网思维,才能适合现在顾客。新业态的成功,需要加强企业的内部整合、管理、运营、服务能力;因是新事物,需要更多的研究和论证、实验等前期过程,同时,对于建设及前后期的资金运作能力要求很高,否则将前功尽弃。

五、新融资模式剖析

相对于以上旅游房地产,此类模式对外部政策环境比较敏感,对外部资源情况、配套设施的要求相对一般,同时需要企业自身有较好的品牌形象和资金的运作能力。众筹、PPP、地产私募股权基金模式对于中国来说是新事物,而且有不同类型的方式,企业应结合企业发展策略,采用适合自身发展的融资模式和回报体系,才能吸引顾客投资,并有良好的收益回报给投资者,并达到双赢局面,进入可持续的良性循环体系中。2015 年 P2P 理财的混乱局面和恶劣的后果,使投资者对新的融资、投资方式都留下不好的影响。如何真正可信地实现融资及回报,是各企业需要研究的课题。

六、综合比较

鉴于以上比较分析,得出如下结论,如表 3 所示:

表 3　创新开发模式对内外部环境因素的要求比较

各类因素	要求 / 开发模式	新需求	新服务	新运营	新业态	新融资
外部环境因素	旅游政策环境	高	一般	一般	高	一般
	旅游模式变化	高	一般	一般	高	一般
	消费理念	高	高	高	高	一般
	互联网	高	高	高	高	高
内部环境因素	资源整合能力	高	一般	一般	高	一般
	土地复合能力	高	一般	一般	高	一般
	配套服务	高	高	一般	高	一般
	社区平台	高	高	一般	高	一般
	融资能力	高	一般	一般	高	高
	多重回报	高	高	一般	高	高
	回笼速度	高	一般	一般	高	高

资料来源:作者绘制

第九章　模式创新的选择及应用分析

随着旅游地产的发展和相对成熟，开发机构逐渐意识到旅游地产是一项系统工程，包括环境整治、资源整合、产业重组和住宅建设，最终的目的是实现区域价值的提升和社会效益的最大化。旅游地产的核心在于旅游项目的前期导入、旅游价值的挖掘和资源的合理配置。因此，在现有产业模式的基础上，结合企业自身情况，选择合适的、最优的开发模式就成为开发商关注的焦点。

当然，不论选择、采用何种开发模式，旅游地产都要同时保障项目的经济效益、社会效益、环境效益，对旅游资源合理开发利用的同时，还要切实地保护好旅游资源和生态环境，以求旅游地产业能够健康地、理性地、可持续地发展。

第一节　影响中国旅游地产开发新模式选择的因素分析

旅游地产选择开发模式并不仅仅是企业内部的事情，企业需要借助外部的资源，同时外部环境的变化又立刻影响到企业在不同模式下的发展状况。基本的外部因素包括政策法规环境、市场环境、经济环境、社会文化环境等方面；基本的内部因素包括从旅游资源（自然资源、独特资源、气候状况、文化资源、历史资源）、基础设施状况（公建配套设施、邮电医疗等服务设施、通信设施、环境质量）和企业自身状况（经济状况、融资能力、人力资源水平、企业形象和品牌）这几个方面考虑。这些是旅游地产传统、现代开发模式必须考虑的因素，是运用开发新模式之前就应该考虑和解决的基本问题。

针对旅游地产开发新模式的独特性和前瞻性，应关注的外部因素包括：旅游政策环境、旅游模式变化、消费理念、互联网等方面；内部因素包括：资源能力（资源整合能力、土地复合能力）、服务能力（配套服务、社区平台）、资金能力（融资能力、多重回报、回笼速度）等方面，如表 4 所示。

表 4　新模式选择的内外因素及指标

影响因素		指标
外部因素		旅游政策环境
		旅游模式变化
		消费理念
		互联网
内部因素	资源能力	资源整合能力
		土地复合能力
	服务能力	配套服务
		社区平台
	资金能力	融资能力
		多重回报
		回笼速度

资料来源:作者绘制

一、外部因素

1. 旅游政策环境

完善的政策环境会为旅游地产投资提供切实的保障。新的旅游政策、优惠政策会对吸引外资、引导外资投向起到积极的促进作用,而高透明度的法规政策为投资者提供了一个安全、公正的法律环境。而目前在中国,相关的政策、制度还不够完善、不够健全,这些条件使得许多城市的旅游地产开发以及开发模式的选取受到较大外部政策、法规环境的影响。

旅游地产开发的成本,跟纯住宅和商业地产相比要高,对生态环境的影响也相对较大,就更容易导致其开发不当引发政府的强行管制。旅游地产项目开发受到城市规划和城市发展战略的制约。旅游地产业发展包括它的空间布局、结构、造型,都直接或间接影响到城市的形象和面貌。因而,在项目开发前期,从宏观政策到微观政策都应认真研究,必须遵守城市规划与发展政策的相关要求,甚至需要与当地城市规划和旅游部门进行必要的沟通交流,搞清楚项目开发中可能发生的各种有悖于政策因素的状况和未来发展的空间,确保项目成功开发,并可持续发展。

2. 旅游模式变化

经济的发展状况是影响旅游模式、需求变化的决定性因素。国际上有这样的统计,当人均国民生产总值达到 800～1 000 美元时,居民将普遍产生国内旅游动机;达到 4 000~10 000 美元时,将产生国际旅游动机;超过 10 000 美元时,将产生洲际旅游动机。这反映了经济发展水平与旅游需求相互关系的一般规律。而经济收入是影响人们出游的直接的关键性因素。国内的专家曾结合实例证实了两者之间的强相关性[155]。目前中国居民旅游模式变化为:由观光旅游向休闲度假旅游转变,这也导致异地置业渐成时尚,房地产成为新的投资方式等。虽然这些变化是中国居民旅游模式变化的趋势,但是在开发旅游地产时,必须结合当地实际的市场需求,分析目的地市场对于旅游地产的需求特征。

3. 消费理念

旅游是人类社会发展到一定阶段的产物,它满足人类高层次的需求。根据马斯洛的需求层次理论,人的需求分为五个层次:基本的生理需求、安全的需求、社会的需求、尊重感的需求、自我实现的需求。人们在满足了温饱之后,自然而然地会追求更高层次的享受。一个地区社会发展水平,也会影响人们的出游需要,进而影响居民的出游数量,如今经济发达、交通便利的条件下,居民的旅游消费大大增加。同时,鉴于电子商务的普及以及社交媒体与消费者日常生活日趋紧密地结合,数字化对于消费者型企业而言不可或缺。中国消费者已经欣然接受了社交媒体,网购行为日益普遍,电子商务正处于爆发式增长阶段。中国年轻消费者正从挥霍消费转向更为朴实的生活方式,一些零售商已经很好地适应了这一变化趋势。网上零售,由于价格低廉、产品丰富,在这个群体中也大受欢迎。

4. 互联网

中国近年来以"双 11"购物狂欢为核心的"互联网＋消费",给我们带来了一个启示,那就是中国人的消费潜力巨大,只是没有找到打开消费大门的"钥匙"。而"互联网＋消费",则极有可能是让中国人改变消费习惯、转变消费观念的一个极为有效的手段。从天猫"双 11"购物狂欢节到平时网购业务的不断扩大,已经让我们深刻地感受到,互联网正在改变着中国人的消费习惯,改变着中国人的消费观念。尤其重要的是,新的消费习惯和观念,已经不再是年轻人的"专利",大量的中老年人也在逐步加入网购和互联网消费的行列;也不再是城市人的"专利",大量的农村人也开始学会利用网络来选购自己喜欢的商品。

二、内部因素

1. 资源整合能力

随着社会经济的发展,旅游活动开始由传统的观光型向体验型转变,旅游功能与形式也渐趋多样化,农业体验游、工业体验游、体育旅游、会展游、教育旅游等多种形式的旅游活动受到了越来越多游客的欢迎,旅游者已经不仅仅为了观光而旅游,而是为了受教育、开阔视野、健身、解压等多种目的而旅游。那么,旅游地产项目如果墨守成规,而不根据这些多样化的旅游需求在功能上进行创新,必将被市场经济淘汰。因此,一个成功的旅游地产开发模式必须满足功能多样化的原则。促进各类资源更好地优化配置,不仅局限于旅游资源,还包括工业、农业、娱乐业、商业、会展业、体育业等相关资源的优化配置。这种模式也不仅局限于项目开发,而是已经上升到产业拉动、区域开发的层面,从而会得到政府的支持。

2. 土地复合能力

旅游地产开发与普通的住宅房地产开发在征用土地上存在着较大的差异,土地的征用可能涉及不同的行政区域或者占用土地规模较大,有可能会超过当地土地部门的审批权限等问题。近几年政府不断出台土地、楼市调控新政,国家的土地政策进一步收紧,对于旅游地产项目的开发商来说,土地获得将变得更加困难。作为一个优秀的旅游地产项目,不应该局限于以旅游开发为名来获得建设土地,而应该以更为复合的商业、农业、工业等多种开发用地形式来获得土地,比单纯地以旅游为名来获得建设土地的项目更容易,复合地产建设所需要的土地许多可属于商业用地、工业用地或农业用地。

3. 配套服务能力

旅游地产是一种不动产,具有位置上的固定性,它对公建配套设施、邮电医疗等服务设施、通信设施、环境质量等要求较高,完善的基础设施和生活服务设施也就成为项目投资的重要条件,这些条件甚至可以激发消费心理及购买欲望,房地产的开发、使用、经营要以基础设施为依托。[52]

配套服务能力包括配套设施的建设以及这类设施后期的运营。设施涵盖了交通运输、电力、水利和市政基础设施,其完善程度影响项目前期选址和模式设计。尤其是交通运输系统,由于旅游地产的消费者多是高收入者,对于这些人而言时间比较宝贵,通畅的交通状况就显得更加重要。医疗等服务设施为人们正常生活提供保障。这些年来旅游地产的模式越来越多元化,出现了"旅游地产+医疗"模式,集健康体检、康体水疗、度假养生为一体。互联网和手机几乎是现代人离不开的两项通信工具,因此通信设施的完善与通信网络的畅通就十分必要。此外,随着商务旅游、会议旅游的流行,此类地产发展十分迅速,为了给旅行者提供更完美的服务,这类旅游地产对通信设施的要求相对而言更高。

4. 社区平台

随着旅游地产市场的逐步成熟,大中型旅游社区如雨后春笋般发展起来,但是随之也出现了如社区管理、社区综合配套服务等问题:政府如何保持社区和谐稳定发展;物业企业如何保障高品质服务;商家如何保障服务好游客、住户的需求,这就需要一个综合的功能健全的社区综合服务平台,通过这个载体,政府、商家、物业、业主、游客各取所需,共赢发展。应围绕旅游社区人的衣、食、住、行、吃、喝、拉、撒、睡等日常生活必须消费品为切入点,提倡自由、健康、快乐生活和旅游。平台的操作应更为方便、更简捷、更人性化,便于发布各类信息,解决生活中遇到的各种疑难问题,充分享受资源共享,更好地提供贴心的服务和优惠。

5. 融资及回笼资金能力

旅游地产在继承了房地产项目开发规模巨大、开发周期长等特点之外,还在开发周期上有其特色,旅游地产在资金的回收周期上要更为长久一些,资金压力也更大。因此,要进行旅游地产的开发对企业的融资能力就有很高的要求。融资能力的强弱直接影响着开发模式的选择,决定着项目是否可以顺利、保质保量地完成。特色旅游文化的营造、升华虽然需要一个长期的过程,导致投资回收期的滞后,拉低了企业的资产周转率。由于其产业的复合形态,项目在融资条件上可能比其他单一地产项目融资渠道更多,也要充分迅速地收回成本。由于项目是多核驱动,在开发的先期开始可以把重点放到旅游相关易盈利的产业中,中长期布局的项目中需要搭配一些短平快的项目,以提供现金流和短期利润,等到提升特色文化的时机成熟了,再改变开发的重点。这时,由于其他相关产业的辅助作用,资金迅速回笼,也为特色产业建设奠定了基础,而特色产业建设好了,也会反过来促进整体旅游的发展。

6. 多重回报

一般旅游项目的投资收益期都超过 15 年,但可持续回报时间可以达到 50 年以上。部分旅游地产 2 到 3 年就全部收回投资,且可获取 150% 到 400% 的盈利,可谓暴利项目[156]。投资者都希望能更快、更持续地获得高回报,这就需要开发前期就有特色创新的产品、运营模式,比如分时度假、分权酒店、托管、包租等方式。同时,结合互联网形成全国、全球的便捷投资、交换、交易、消费网络平台,以投资者和消费者为服务导向的模式,才能吸引更多的投资者持续投资。

第二节 基于 SWOT 分析法的四种战略模式及选择矩阵

一、基于 SWOT 分析法的四种战略模式

依据企业战略制定时常用到的 SWOT 分析方法,旅游地产开发模式选择过程就是综合评价影响开发模式选择的内部因素和外部因素,分析出项目开发的优势(Strength)、劣势(Weakness)、机会(Opportunity)和威胁(Threats),最后选出最适合的开发模式。在对内部环境因素和外部环境因素进行综合分析的基础上,有 4 种可供选择的战略模式:

SO 模式——项目的内部环境和外部环境都优越的条件下适合选择的模式;

WO 模式——项目的外部环境优于内部环境下适合选择的模式;

ST 模式——项目的内部环境优于外部环境下适合选择的模式；

WT 模式——项目内部环境和外部环境均处于弱势时选择的模式。

二、选择矩阵

结合上一章中对几种开发模式对内外部环境要求的比较,得出旅游地产开发模式选择矩阵如图 20 所示。

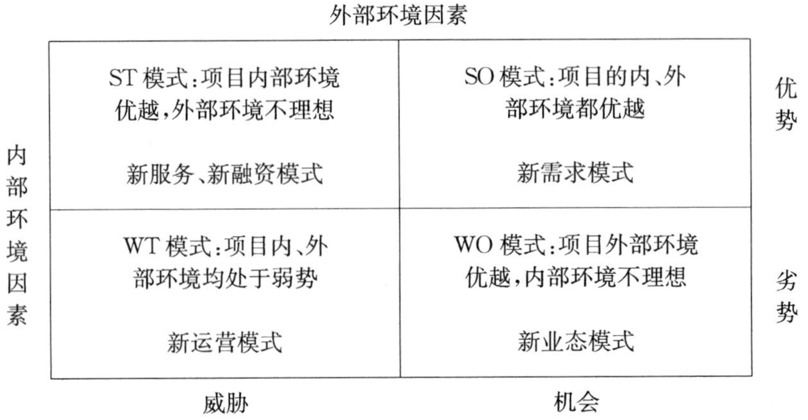

外部环境因素

资料来源:作者绘制

图 20　旅游地产开发模式选择矩阵

第三节　旅游地产开发模式选择模型

一、各因素权重的确定

由于不同的开发项目各因素的重要性程度不同,所以必须要先确定指定项目中各因素的权重。确定各要素的权重,需要进行实地考察,开发商根据企业的情况组织相关方面的专家学者进行实地考察,然后集合各方面专家的意见,采用专家打分法,确定各影响因素的权重。

专家打分法确定内、外部各因素的重要性程度,影响因素表示为 a_1、a_2、a_i、a_j、$\cdots$、a_n,定义 a_{ij} 为因素 a_i 对 a_j 的相对重要性,a_{ij} 具有三个特征:(1) $a_{ij} > 0$;(2) $a_{ij} = \dfrac{1}{a_{ji}}$;(3) $i = j$ 时,$a_i = a_j$。打分标准采用以下标度法,如表 5 所示:将各指标得分求和得到其分值 $S_i = \sum_{j=1}^{n} a_{ij}$,所有指标的分值求和得到总分值 $S = \sum_{i=1}^{n} S_i$。各因素权重的计算公式为:$R_i = S_i / S$,$0 \leqslant R_i \leqslant 1$,$\sum_{i=1}^{n} R_i = 1$,$R_i$ 越大表明其影响程度越大。汇总结果如表 6 所示。

表5　各权重标度值及其含义

标度值	含义
1	a_i与a_j具有同等重要性
3	a_i比a_j稍微重要
5	a_i比a_j明显重要
7	a_i比a_j强烈重要
9	a_i比a_j极端重要
2、4、6、8	介于上述两个相邻判断尺度的中间
倒数： $\frac{1}{2}$、$\frac{1}{3}$、$\frac{1}{4}$、$\frac{1}{5}$、$\frac{1}{6}$、$\frac{1}{7}$、$\frac{1}{8}$、$\frac{1}{9}$	a_i与a_j比较的标度值等于a_j与a_i比较的标度值的倒数

资料来源：作者绘制

表6　各影响因素权重确定表

影响因素	a_1	a_2	……	a_n	分值	权重
a_1	1	a_{12}	……	a_{1n}	S_1	$R_1=S_1/S$
a_2	a_{21}	1	……	a_{2n}	S_2	$R_2=S_2/S$
……	……	……	……	……	……	……
a_n	a_{n1}	a_{n2}	……	1	S_n	$R_n=S_n/S$
合计					S	1

资料来源：作者绘制

二、项目内、外部环境因素评价

开发模式选择的过程主要是通过项目内、外部影响因素的分析评价来进行内外部环境的评价。请若干专家对各要素打分 $M_1=\{1,2,3,4,5,6\}$，其中 1 表示该因素对项目开发是重大威胁/劣势，2 表示中等威胁/劣势，3 表示一般威胁/劣势，4 表示一般机会/优势，5 代表中等机会/优势，6 代表重大机会/优势，取平均值为该因素的评分值。

将每一因素的权重 R_i 与相应的评分值 M_i 相乘，计算出加权得分 $U_i=R_i X M_i$，将外部环境各因素的加权得分求和得出 U_x，将内部环境各因素的加权得分求和得出 U_y，U_x、U_y 得分最高为 6，最低为 1。

先以外部环境因素评价为例，如表 7 所示。同样可以得出项目内部环境因素的加权得分 U_y。

表 7 项目外部环境因素评价表

关键因素	权重	分值	加权得分
旅游政策环境	R_1	M_1	$U_1 = R_1 X M_1$
旅游模式变化	R_2	M_2	$U_2 = R_2 X M_2$
消费理念	R_3	M_3	$U_3 = R_3 X M_3$
互联网	R_4	M_4	$U_4 = R_4 X M_4$
合计			$U_x = U_1 + U_2 + U_3 + U_4$

资料来源:作者绘制

三、结果分析

取距离中值 3.5 作为临界值,当 $U_x \in (3.5,6)$,则表明项目外部环境的影响机会大于威胁,数值越大,机会越多,威胁越小;若 $U_x = 3.5$,则表明项目外部环境的影响机会与威胁相当;当 $U_x \in (1,3.5)$,则表明项目外部环境的影响威胁大于机会,数值越小,威胁越大,机会越少。

同理,当 $U_y \in (3.5,6)$,则表明项目内部环境的影响优势大于劣势,数值越大,优势越大,劣势越小;若 $U_y = 3.5$,则表明项目内部环境的影响优势与劣势相当;若 $U_y \in (1,3.5)$,则表明项目内部环境的影响劣势大于优势,数值越小,劣势越大,优势越小。

以 U_x(外部环境)为 X 轴,U_y(内部环境)为 Y 轴,建立坐标系,如图 21 所示。以中值 3.5 分割坐标图,得出 4 个区域。不同的区域代表了项目外部环境和内部条件的不同组合,结合开发模式选择矩阵,从而决定选择何种开发模式对旅游地产项目进行开发。

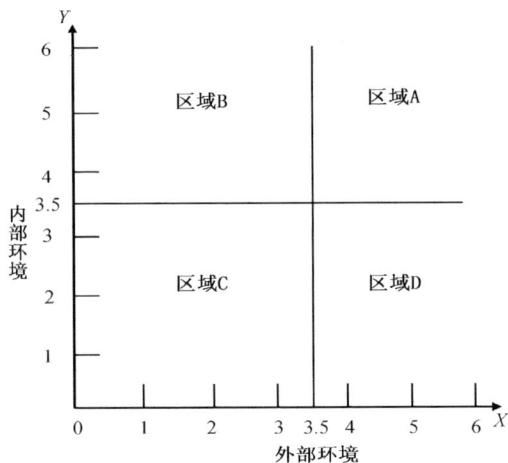

资料来源:作者绘制

图 21 结果分析坐标图

区域 A 表示项目外部环境的机会大于威胁,内部环境的优势大于劣势,SO 模式,项目应该结合自身情况选择新需求模式。

区域 B 表示项目外部环境的威胁大于机会,内部环境的优势大于劣势,ST 模式,此时企业可选择新服务、新融资模式。

区域 C 表明项目外部环境的威胁大于机会,内部环境的劣势大于优势,WT模式,建议企业采用新运营模式。

区域 D 表明外部环境的机会大于威胁,内部条件的劣势大于优势,WO 模式,企业可选择新业态模式。

第四节　旅游地产开发模式选择模型的应用

以下运用两个旅游地产开发项目,结合专家打分表和调查问卷,对上一节中建立的模型的应用进行说明。

一、项目背景

1. 项目 A:万达西双版纳国际度假区

景洪市是西双版纳州政治、经济和文化中心,州域中心城市,是我国面向东南亚、南亚的窗口和最便捷的水、陆、空联系枢纽,我国云南省到东南亚、南亚旅游和货运的集散地,并有发展为信息中心和物流中心的光明前景。西双版纳国际旅游度假区位于城市外围地区,到市中心仅 20 分钟车程。该市生态环境良好,交通区位和生态环境优势十分明显,具有强大的旅游发展潜力。西双版纳年平均气温在 18~22℃之间,年均温 20℃的等温线相当于 850 米等高线。西双版纳最冷月均温 8.8~15.6℃,≥10℃的活动积温 5 062~8 000℃,海拔 800 米以下地区 2013 年活动积温皆在 7 500℃以上,长夏无冬,春秋相连且为期较短。[157]

景洪新区的主干道北环路贯通项目,无缝链接老城区,景洪机场到度假区 20 分钟车程。纵贯东南亚的泛亚高速铁路已开工,将从昆明出发,途经景洪,抵达新加坡。届时,从昆明到西双版纳仅需 2.5 小时,能有效推进西双版纳的建设。

万达西双版纳国际度假区位于景洪市西北部,项目占地 5.3 平方公里,万达集团斥巨资在中国的西南边陲,借助西双版纳独特的人文风情和得天独厚的气候环境打造独具特色的西双版纳国际度假区项目。整个项目共分为七大业态,分别为:主题公园、商业中心、傣秀剧院、三甲医院、中小幼学校、高级别酒店群、旅游新城。

旅游新城配套了幼儿园、小学、中学等完整的教育配套设施,可以享受一站式教育服务体系。幼儿园配置 30 个班级,每个班 30 人,总建筑面积 10 000 平方米;小学配置 48 个班,每个班 45 人,总建筑面积 24 000 平方米;中学配置 48 个班,每个班 50 人,总建筑面积 26 000 平方米[158]。乐居的旅游新城,利用三大设计创新:第一为风格创新,整个项目汇聚傣族建筑风格,自然而和谐的建筑态度,强调建筑与人和谐共生;第二为空间创新,人性化的空间设计,雨林湿地公园的特色景观环境,兼顾私密性和开放性,实现建筑和自然的情景交融,尊享版纳首席高端社区;第三为功能创新,空间实现功能最大化,提升产品的附加值。

2. 项目 B:南京江宁区横溪街道石塘竹海旅游项目

《江宁区旅游发展总体规划》中提出云台旅游区的定位为山林野趣旅游区。《南京市江宁区牛首山—云台山生态廊道概念规划》中提出横溪街道社区以发展风景度假、运动休闲类项目为主。到 2015 年,江宁、高淳两大示范片区基本建成,累计创建市级"美丽乡村示范村"100 个以上,为郊区基本实现农业现代化、农村现代化提供有力支撑。到 2017 年,浦口、六合、溧水三个示范片区全部建成,累计创建市级"美丽乡村示范村"200 个以上,郊区农村初步建成都市美丽乡村、农民幸福家园。

石塘竹海位于南京有"最后一块宝地"之称的江宁横溪街道前石塘村,素有南京"小九寨沟"之称,拥有连片翠竹 3 万亩,与九龙湖相依相傍,境内生物多样,构成以茶山、竹海、松涛为主体的自然旖旎风光。此处乡村旅游已建设成江苏首个"旅游示范村",列入江苏美丽乡村建设。石塘竹海南距南京市中心 38 公里,西距马鞍山市区 25 公里。镇南方位属横山山脉,镇西方位属云台山山脉。[159]

江宁区属北亚热带季风气候区,气候温和,年平均气温 15.7℃;无霜期长,平均无霜为 224 天;雨水充沛,年平均降水量为 1 072.9 毫米。雨热同季,天气的变化比较复杂,常出现春秋季低温冷害、雨涝、台风、寒潮、干旱、冰雹、雷雨大风等灾害性天气。年极端最低气温－13.3℃,年极端最高气温为 40.4℃。[160]

前石塘村坐落在苏皖交界处,全村 233 户,居民 694 人,耕地面积只有 650 亩。但这里具有丰富的山水资源,青山叠翠,湖库相伴,景色宜人[161]。2008 年 5 月,苏州科赛集团与横溪街道、南京日报报业集团合股共同开发,投资近亿元用于道路、景区建设及景点开发:在景点打造上,结合石塘竹海自然风貌,以整合资源、人文改造、民间文化为主,保持原始的生态本色;在农家乐打造上,除对开放居住、餐饮的农户环境精心改造外,还对当地农民进行旅游经营培训,为游客提供更为周到的服务;在集中对农户房屋改造上,以徽派风格为主,特色明显。

"石塘人家"是后石塘村项目改造后的新村名,位于横溪街道甘泉湖社区南部,北距南京市中心 35 公里,西距马鞍山市区 25 公里,村内有旅游大道贯穿南北,村外有汤铜公路连接城区,交通十分便捷。村庄占地面积 190 亩,住户 167 户,居民 496 人。2011 年 9 月,该村被列为江宁区五个都市生态休闲农业示范村之一,实施特色村改造[162]。将休闲旅游融合于原有乡村生活,将农民的生产资料与生活资料进行转化,在改善村庄居住环境的同时,提升生活品质,提高村民收入,将原先相对闭塞的农业种植村向具有休闲山居风格的综合型旅游服务村转变,力图将后石塘村打造成为江宁区乡村旅游"五朵金花"之"醉美乡村"。

二、项目开发模式的选择

解决数据问题,采用专家打分法确定各影响因素的权重,统计项目内、外部环境因素得分。以问卷形式征求专家意见,对反馈意见进行分类归纳后,校正得出各要素的评价赋值。

此次调查各发出 20 份专家打分调查表(见附录一)给万达西双版纳国际度假区(下简称为项目 A)和南京江宁区横溪街道石塘竹海旅游项目(下简称为项目 B)的当地专家、规划人员、建设人员、策划人员等。

其中,选择发问卷给万达西双版纳国际度假区建设人员,是因为该项目公司在开发万达西双版纳国际度假区这一旅游地产项目时,对这一项目进行过深入的调查分析,对项目进程、建设实际问题及其相关环境条件等很了解。另外,南京江宁规划局及横溪街道当地规划办的专家和该项目的规划设计人员对石塘竹海项目以及开发环境等十分了解,他们的打分自然可以作为定量的参考。

计算出每份问卷(见附录一)的每个指标的权重 R,汇总每一个指标的权重值,求出平均值(保留到小数点后 3 位),得出各项目该指标最终的权重值,项目 A 如表 8、表 9 所示,项目 B 如表 10、表 11 所示。

表 8 项目 A 外部环境因素各指标权重值

指标	权重 R	合计
旅游政策环境 a_1	0.257	
旅游模式变化 a_2	0.115	1
消费理念 a_3	0.167	
互联网 a_4	0.461	

资料来源:作者绘制

表 9 项目 A 内部环境因素各指标权重值

内部因素	指标	权重 R	合计
资源能力	资源整合能力 a_5	0.074	0.101
	土地复合能力 a_6	0.027	
服务能力	配套服务 a_7	0.155	0.246
	社区平台 a_8	0.091	

内部因素	指标	权重 R	合计
资金能力	融资能力 a_9	0.222	
	多重回报 a_{10}	0.236	0.653
	回笼速度 a_{11}	0.195	
	共计		1

资料来源:作者绘制

表 10 项目 B 外部环境因素各指标权重值

指标	权重 R	合计
旅游政策环境 a_1	0.213	
旅游模式变化 a_2	0.138	1
消费理念 a_3	0.131	
互联网 a_4	0.517	

资料来源:作者绘制

表 11 项目 B 内部环境因素各指标权重值

内部因素	指标	权重 R	合计
资源能力	资源整合能力 a_5	0.083	0.118
	土地复合能力 a_6	0.035	
服务能力	配套服务 a_7	0.164	0.271
	社区平台 a_8	0.107	
资金能力	融资能力 a_9	0.202	
	多重回报 a_{10}	0.224	0.611
	回笼速度 a_{11}	0.185	
	共计		1

资料来源:作者绘制

把专家对内、外部因素评价的打分进行汇总,计算出每个因素得分的平均值,作为每一因素的最终得分(四舍五入到小数点后 3 位),然后将内、外部各影响因素的权重与分值总结到下表中,项目 A 如表 12、表 13 所示,项目 B 如表 14、表 15 所示,计算出加权得分值(保留到小数点后 3 位)。

表 12　项目 A 外部环境因素评价表

指标	权重 R	分值 M	加权得分 U
旅游政策环境 a_1	0.257	4.55	1.170
旅游模式变化 a_2	0.115	1.75	0.201
消费理念 a_3	0.167	2.95	0.492
互联网 a_4	0.461	4.15	1.914
合计 U_x			3.777

资料来源:作者绘制

表 13　项目 A 内部环境因素评价表

指标	权重 R	分值 M	加权得分 U
资源整合能力 a_5	0.074	5.25	0.387
土地复合能力 a_6	0.027	4.3	0.116
配套服务 a_7	0.155	3.8	0.590
社区平台 a_8	0.091	2.9	0.264
融资能力 a_9	0.222	4.85	1.080
多重回报 a_{10}	0.236	3.55	0.836
回笼速度 a_{11}	0.195	2.85	0.555
合计 U_y			3.828

资料来源:作者绘制

表 14　项目 B 外部环境因素评价表

指标	权重 R	分值 M	加权得分 U
旅游政策环境 a_1	0.213	2.55	0.544
旅游模式变化 a_2	0.138	1.9	0.263
消费理念 a_3	0.131	1.85	0.243
互联网 a_4	0.517	1.55	0.801
合计 U_x			1.851

资料来源:作者绘制

表 15　项目 B 内部环境因素评价表

指标	权重 R	分值 M	加权得分 U
资源整合能力 a_5	0.083	2.1	0.175
土地复合能力 a_6	0.035	1.95	0.068
配套服务 a_7	0.164	1.7	0.278
社区平台 a_8	0.107	1.6	0.172
融资能力 a_9	0.202	1.4	0.282
多重回报 a_{10}	0.224	1.4	0.314
回笼速度 a_{11}	0.185	1.2	0.222
合计 U_y			1.511

资料来源:作者绘制

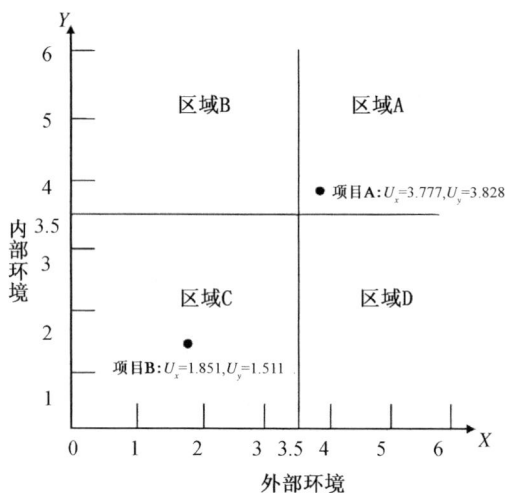

图 22　项目 A/B 结果坐标图

三、总结

项目 A:$U_x=3.777,U_y=3.828$,根据图 22 所示,位于坐标图的区域 A 内,因此项目 A 最适合选择 SO 模式,结合项目自身情况选择新需求模式。

项目 B:$U_x=1.851,U_y=1.511$,根据图 22 所示,位于坐标图的区域 C 内,因此项目 B 最适合选择 WT 模式,建议企业结合项目内外情况采用新运营模式。

项目 A 的结果与事实基本相符,万达拥有雄厚的资金,较强的开发能力,整体建设及配套设施齐全,开发商选择了"旅游地产+文化服务"的共赢的方向,成立了版纳演艺公司,管理国际度假区的傣秀剧场的专业演出,同时进行主题公园的日常文化表演,主题公园内每天有近20场文化表演,吸引全国各地的游客过来观赏。统计数据显示,西双版纳2014年接待旅游人数已经突破1 300万人次,平均每天为4万人次以上[163]。同时结合旅游、度假、娱乐、居住为一体的综合度假区定位,运用互联网,采用线上线下全线覆盖的营销推广模式,通过微信、网络媒体、微博等线上平台及一系列的主题营销活动、户外媒体及单页报广等集聚人气,提升品牌知名度,进行多个产业的相互链接,从而带来更多的收益。开发商也逐渐转型为轻资产转型和运营输出方。该项目已经成功地运营,从内外因以及权重比例来看,企业对旅游政策和国家发展战略的把握很准,资源整合的能力很强,同时与互联网的结合依旧有巨大空间。另外,对于资金的回报和回笼速度都有所欠缺,需要在未来的运营过程中加速提高。当然,未来该项目是否可以持续发展并获得更大的收益,还有待市场检验。

项目B的结果与事实基本一致,项目B的开发商有一定的政府背景,对于国家政策把握和运用很到位,虽然地理基础资源较好,但是资金能力和服务能力较差,互联网的运用也很薄弱,使其影响力、知名度较小,未来发展空间有限。这就需要结合当地情况运用新的运营模式,比如结合大数据分析,精准定位消费客户,提供专业准确的服务;与各类电商合作,拓展农副产品、各类服务的销售渠道,加速布局旅游O2O模式。石塘竹海景区是免费游览,多为江宁周边的市民驾车来旅游,客流有限。建议可以与旅行社合作,加大周边和外地游客量;同时,加大线上线下营销、运用新媒体推广并扩大影响力。当地街道、规划、旅游、开发部门和企业也都在往这个方向努力,卓有成效,这样才能更好地推进这块风水宝地的价值发挥,同时带动周边更大区域的发展和开发。

这样的结果验证了模型的可行性,说明该模型可以用做决策分析。希望本研究可以对目前以及今后万达西双版纳国际度假区和江宁石塘竹海旅游项目的开发起到一定的帮助。但是,由于模型影响因子的分析存在主观因素,而且各因子的定量评价采用了相对主观的专家打分法,如何更客观地量化内外部环境因素,还有待于进一步研究,模型还需要进一步完善和改进。

参考文献

［1］ 国家统计局.中国 2017 年国民经济和社会发展统计公报［EB/OL］.中华人民共和国国家统计局网,2018-2-28.

［2］ 辛闻.到 2020 年我国境内旅游总消费额有望达到 5.5 万亿元［EB/OL］.中国网新闻中心,2014-8-21.

［3］ 吴琼瑶.我国旅游业发展历程与简单的分析［EB/OL］.豆丁网,2014-5-2.

［4］ 我国旅游业发展趋势分析［EB/OL］.中国报告大厅,2014-8-29.

［5］ 中国旅游研究院.2017 年中国出境旅游大数据报告　2017 中国公民出境游突破 1.3 亿人次［EB/OL］.新华网,2018-3-1.

［6］ 王兴斌."世界旅游强国"的提法有新意［EB/OL］.搜狐旅游,2015-1-22.

［7］ 樊曦.截至 2017 年底全国铁路营业里程达 12.7 万公里［EB/OL］.中国经济网,2018-1-2.

［8］ 马强.关于发展旅游房地产的思考［J］.商情,2010(1):101.

［9］ 林贤瑛.WTO《服务贸易总协定》对我国国际旅游服务贸易的影响及法律对策［D］.南昌:南昌大学,2005.

［10］ 谭鹏成.关于中国旅游服务贸易出口流量变化的研究［D］.无锡:江南大学,2009.

［11］ 刘英琴,王素娟.旅游概论［M］.上海:复旦大学出版社,2011:2.

［12］ 刘松.休闲旅游的理论研究及实证分析［D］.沈阳:沈阳师范大学,2008.

［13］ 晏旖嫔,赵本宇.房地产概论［M］.第 2 版.成都:西南交通大学出版社,2013:3.

［14］ 王碧荣.基于市场经济下的房地产业讨论［J］.城市建设理论研究(电子版),2012,(8):27.

［15］ 地产开发流程 17711［EB/OL］.豆丁网,2015-9-25.

［16］ 张计全.房地产开发的条件及房地产开发的流程［EB/OL］.法邦网,2015-3-20.

［17］ 施建刚.房地产开发与管理［M］.第 3 版.上海:同济大学出版社,2014:26.

［18］ 陈卫东.区域旅游房地产开发研究［J］.经济地理,1996(3):86-90.

［19］ 余艳琴,赵峰.我国旅游房地产发展的可行性和制约因素分析［J］.旅游学刊,2003,18(5):74-77.

［20］ 邹益民,孔庆庆.我国旅游房地产开发前景的探讨［J］.商业经济管理,2004(7):60-62.

［21］ 胡浩,汪宇明.中国旅游目的地房地产开发模式研究［J］.桂林旅游高等专科学校学报,

2004,(4):5-9.

［22］ 旅游地产行业发展与投资环境分析方法［EB/OL］.生活经验网,2014-8-13.

［23］ 任利平.地理模式化复习［EB/OL］.豆丁网,2013-4-13.

［24］ Woodside, Arch G. ,Moore,et al. Segmenting the Timeshare Resort Market［J］. Journal of Travel Research,1986,24(3):6-7.

［25］ Laura J Lawton, David Weaver, Bill Faulkner. Customer Satisfaction in Australian Timeshare Industry［J］. Journal of Travel Research,1998,37(1): 9-30.

［26］ Randall S Upchurch. A Glimpse at US Consumers' Interest in Timesharing［J］. International Journal of Hospitality Management, 2000(19):333-443.

［27］ Blank D. Timeshare Future Looks Promising Hotel and Motel Management［J］. Duluth,2003(1):3.

［28］ Peter Clever. Important Issues for a Growing Timeshare Industry［J］. The Hotel and Restaurant Administration Quarterly,2001,42(1):71-81.

［29］ 胡浩.大都市旅游房地产发展与布局研究［M］.北京:中国财政经济出版社,2006.

［30］ 郭鲁芳,陈超.中外分时度假研究进展［J］.商业研究,2005(3):153.

［31］ Ragatz R. Timeshare Purchasers:Who They Are, Why They Buy［R］. Oregon:Ragatz Associates, Eugene,1995,11.

［32］ Yesawich P, Pepperdine J, Brown J. Analysis of Vacation Ownership 2000 Survey Findings Highlights［R］. Release 1,1999:7-10.

［33］ John C. Crotts, Ragatz and Richard L. Recent US Timeshare Purchasers:Who Are They, What Are They Buying and How Can They Be Reached ［J］. International Journal of Hospitality Management,2002,21(3):227-238.

［34］ Robert H Wood. Important Issues for a Growing Timeshare Industry［J］. Cornell Hotel and Restaurant Administration Quarterly, 2001,42(1):11-71.

［35］ Philips P. Developing with Recreational Amnesties［J］. Golf, Tennis, Skiing, Marinas, 1986,6.

［36］ Sarah Rezak. Consumer Research Sheds Light on All Aspects of Resort Timesharing Business［J］. International Journal of Hospitality Management, 2002,21(3):245-255.

［37］ Wallace Hobson. A Research Report on Private Residence Clubs:A New Concept for Second Home Ownership ［J］. International Journal of Hospitality Management,2002,21 (3):285-300.

［38］ Gentry R. Resort Condominium and Vacation Ownership Management ［J］. Journal of Travel Research,2007,9.

［39］ 沈飞.旅游房地产悄然起步［N］.中国经营报,2001-6-28.

［40］ 孙红亮,王姗.处理积压房地产的有效方式［J］.商业研究,2002(10):136-138.

［41］ 胡浩.大都市旅游房地产发展与布局［D］.上海:华东师范大学,2005.

［42］ 徐翠蓉.关于旅游房地产基本问题的研究［J］.科技信息,2007(12):236-238.

［43］ 司成均,谭春燕,李洪强.旅游房地产发展面临的机遇研究［J］.商场现代化,2007(20):

246-247.

[44] 李长坡.当前我国旅游房地产的问题及对策[J].许昌学院学报,2003,22(2):56-59.

[45] 寇立群.旅游业环境下房地产业的发展[J].企业家天地下半月刊(理论版),2007(12):36-37.

[46] 祝晔,黄震方.旅游景区房地产开发模式研究[J].安徽农业科学,2006,34(21):5675-5677.

[47] 雷正.发展我国旅游房地产业的全方位思考[J].中国房地产,2007(7):53-54.

[48] 吴老二,吴建华,胡敏.发展旅游房地产的瓶颈制约[J].社会科学家,2003(3):101-104.

[49] 陈金定.旅游度假房产开发的制约因素和开发策略[J].技术与市场,2007(5):88-89.

[50] 邓仕敏.关于发展旅游房地产的思考[J].市场经济研究,2003(6):24,53.

[51] 陈卫东.区域旅游房地产开发研究[J].经济地理,1996,16(3):86-90.

[52] 陈淑云.我国旅游房地产理性发展的条件[J].中国房地信息,2003(2):16-18.

[53] 沈飞.旅游房地产前景广阔[N].中国房地产报,2001(7).

[54] 巨鹏,王学峰,崔凤军.景观房产研究——背景、现状与未来[J].旅游学刊,2002(1):31-35.

[55] 刘艳红.旅游房地产业形成的分蘖理论分析[J].生产力研究,2004(3):131-133.

[56] 陈劲松.城界消失·旅游地产[M].北京:机械工业出版社,2003:18-23.

[57] 邹益民,孔庆庆.我国旅游房地产开发前景初探[J].商业经济与管理,2004(7):60-63.

[58] 尹李.中国旅游房地产与崇明旅游房地产开发前景[J].ESTATE WORLD,2004(11):23-25.

[59] 张雪晶.旅游房地产开发模式研究[J].商场现代化(学术版),2005(5):38-39.

[60] 马秋芳,黎筱筱.大型旅游房地产开发:造景与借景——华侨城与西安曲江新区比较研究[J].桂林旅游高等专科学校学报,2005,16(6):79-82.

[61] 刘艳.旅游房地产开发的思考[J].天府新论,2004(12):108-110.

[62] 马楠,罗福周,许飞.旅游房地产发展之道——从西安浐灞生态区说起[J].城市开发,2007(3):68-69.

[63] 彭惜君,王小兵.珠三角兴起旅游房地产[J].粤港澳价格,2004(4)

[64] 涂菁.成都市旅游房地产项目开发对策研究[D].成都:西南财经大学,2007.

[65] 徐翠蓉.青岛市旅游房地产发展研究[D].青岛:青岛大学,2005.

[66] 程叙.重庆市旅游房地产发展研究[D].重庆:西南大学,2008.

[67] 周霄.解读旅游地产投资的八大成功要素——以深圳华侨城为例[J].建筑经济,2007(01):69-72.

[68] 吴其付.遗产地旅游房地产研究——以丽江古城为例[J].城市问题,2007(3):32-36.

[69] 黄志斌.旅游房地产——未来房地产业的生力军[J].度假旅游,2007(4):61-62.

[70] 方烨.中国社科院《2008年旅游绿皮书》:我国旅游房地产即将迎来快速发展[N].经济参考报,2008,5(12):12.

[71] 陶涛.2005中国旅游房地产趋势报告[R].中宏数据库整理,2005.

[72] 李娜.中国旅游房地产发展研究[D].上海:华东师范大学,2007.

［73］ 刘金敏.我国旅游地产的开发态势分析［J］.企业研究,2008,12:76-77.

［74］ 中国房地产业协会商业地产专业委员会,EJU易居(中国)控股有限公司.中国旅游地产发展报告(2014—2015)［M］.北京:中国建筑工业出版社,2015.

［75］ 刘文贤.国外旅游地产对中国的启示［J］.北京房地产,2006(11):103-106.

［76］ Mc Mullen.E,Crawford Welch,S.Looking into the Crystal Ball:Vacation Ownership［J］.Timeshare and Vacation Interval Ownership Review,2000,2(1):82-91.

［77］ RCI.Worldwide Timeshare:2003 Edition,Summary Report［J］.International Journal of Hospitality Management,2002(21):22-23.

［78］ 王琳.我国旅游房地产开发相关问题研究［J］.合作经济与科技,2007(12):36-37.

［79］ 刘北辰.海外如何促进旅游业发展［J］.中外企业文化,2008(4):55.

［80］ 蔡云.国际旅游地产发展历史沿革［J］.中国房地产业,2012(5):44-51.

［81］ 胡浩.基于时权和产权相结合的旅游房地产发展的新模式［EB/OL］.中国房地产信息网,2014-11-22.

［82］ 酒店产权式经营业主取得的收入要缴营业税与个人所得税［EB/OL］.新疆维吾尔自治区地方税务局网,2006-6-1.

［83］ 王婉飞.分时度假在中国本土化面临的问题与对策［EB/OL］.安徽发展研究网,2014-7-17.

［84］ 李克纯."分权度假"概念玩砸了 美尔地产黯然重组［EB/OL］.今日头条,2015-4-14.

［85］ 黄海波.分权度假产品销售举步维艰 美尔地产黯然重组［EB/OL］.凤凰房产,2015-4-14.

［86］ 王婉飞,韩琳琳.我国旅游房地产外部性问题及对策［N］.华东旅游报,2006,5(25):10.

［87］ 赖大臣.天价"阿房宫"遍地:假文化真圈地［EB/OL］.新华网,2014-1-14.

［88］ 曹振良,周京奎.产业分蘖理论与住宅产业化［J］.河南师范大学学报(社会科学版),2003,30(3):18-20.

［89］ 白浩.中国旅游地产开发模式研究［EB/OL］.三亿文库网,2009-5-1.

［90］ 潘彧.多家房企转型旅游地产［EB/OL］.腾讯房产综合新闻,2014-7-1.

［91］ 赖玺婷,杨志平,刘水源.中国出境旅游现状及对策分析［J］.沿海企业与科技,2007(1):116-118.

［92］ 刘艳红.旅游房地产业形成的分蘖理论分析［J］.生产力研究,2004(3):131.

［93］ 邢勃.泛地产时代的新卖点［J］.改革与理论,2002(4):40-42.

［94］ 郭永清.泛地产与城市发展［J］.商场现代化,2006(36):261-263.

［95］ 刘明会,张佑法,牟红,等."超旅游"规划理论的实践［J］.重庆工学院学报,2004,18(3):89-91.

［96］ 刘元晨,杨秀丽.构造大旅游圈的理论基础及现实意义——构造辽宁中部城市大旅游圈的理性思考［J］.理论界,2005(6):81.

［97］ 年度盘点:如何打造休闲旅游地产［EB/OL］.中国养老地产网,2014-1-17.

［98］ 品橙旅游.2015年来华入境游市场总览报告［EB/OL］.第一资讯,2016-1-22.

［99］ 李金早.2015年我国旅游投资首破万亿元 6股前途坦荡［EB/OL］.东方财富网,

2016-1-17.

[100] 中国成旅游收入第二大国，且慢高兴[EB/OL]. 张家界在线，2016-5-12.

[101] 聚焦中国旅游地产 2016—2017 发展报告[EB/OL]. 搜狐网，2017-7-4.

[102] 柴刚. 海阳：山东下一个海景"鬼城"？[EB/OL]. 中国经营报，2014-4-5.

[103] 中国文化报. 文化地产：休闲养生地产成重点发展模式[EB/OL]. 人民网，2014-1-11.

[104] 赵朴. 山合水易：从美国太阳城看我国养老地产发展[EB/OL]. 合易智业官方网，2013-12-27.

[105] 观点指数深度报告：杭州万科养老六年盘点 郁亮认为失败的模式盈利了吗？[EB/OL]. 和讯网，2017-6-29.

[106] 向婷. 养老地产调查：交 300 万元才能入住养老社区[EB/OL]. 中国经济网，2013-4-20.

[107] 王晓易. 养老地产调查：入住门槛高后续配套堪忧[EB/OL]. 网易网，2013-4-20.

[108] 当期保单锁定未来养老投入[EB/OL]. 凤凰网，2013-10-24.

[109] 付安平. 旅游地产新常态：四大盈利模式[EB/OL]. 微口网，2015-12-13.

[110] 陈泽佳. 以文化产业之名 利海联姻山水盛典再抢滩旅游地产[EB/OL]. 赢商网，2014-1-21.

[111] 湖南省旅游发展委员会产业发展处. 华侨城集团[EB/OL]. 湖南省旅游投资网，2015-2-12.

[112] 光明网. 华侨城推新剧国风·琴棋书画 跨时空演绎中国故事[EB/OL]. 人民网，2013-5-16.

[113] 演艺地产的运营模式和发展战略[EB/OL]. 豆丁网，2013-7-31.

[114] 王蕙林. 全球迪士尼乐园七宗"最"：巴黎最不赚钱上海最便宜[EB/OL]. 新华网，2016-6-1.

[115] 张汉澍. 华谊兄弟探索电影新变现模式：《命中注定》试水旅游市场[EB/OL]. 深交所互动易网，2015-7-28.

[116] 2017 主题建设与文化精致原则[EB/OL]. 看准网，2015-4-22.

[117] 程君秋. 澳统计局：赴澳中国游客数量突破 100 万大关[EB/OL]. 环球网，2016-1-12.

[118] 2015 年亚洲跨境投资总额再创新高[EB/OL]. 新快报，2016-3-4.

[119] 乐琰，罗韬. 热门旅游目的地成海外地产投资热门城市[EB/OL]. 一财网，2015-5-15.

[120] 赵思茵. 传万达 19 日正式收购英最大豪华游艇制造商[EB/OL]. 观点地产网，2013-6-18.

[121] 重磅！思聪爸爸又来了！砸数十亿澳洲建主题公园！万达真要占领澳洲了[EB/OL]. 好酷网，2015-10-8.

[122] 苏萍. 旅游地产抢收马六甲开发商海外投资锁定东南亚[EB/OL]. 新华网，2014-2-20.

[123] 刘满桃. 新华联谋海外扩张 拟同时落子大马与韩国[EB/OL]. 观点地产网，2014-1-8.

[124] 热门旅游目的地成海外地产投资热门城市[EB/OL]. 第一财经日报，2015-5-15.

[125] 周蕾. 海外并购接连失败 万达为何还在海外任性"买买买"？[EB/OL]. 赢商网，2017-4-27.

[126] 天涯. 我国乡村旅游发展研究[EB/OL]. 豆丁网,2011-10-24.

[127] 越南迪士尼成养牛场 耗资百亿如今凋敝成烂尾乐园[EB/OL]. 百度百家号,2011-10-24.

[128] 方兴、正荣、华远、万科智慧社区哪家强？[EB/OL]. 360个人图书馆,2015-5-25.

[129] 社区O2O,万科等房地产大佬都是怎么做的？[EB/OL]. 易读广场,2015-4-21.

[130] 王晓易.《首届(2011)中国智慧城市发展水平评估报告》发布[EB/OL]. 网易新闻,2011-9-13.

[131] 南方都市报(深圳). 大数据时代生产要以用户为导向[EB/OL]. 网易新闻,2015-2-13.

[132] 新浪乐居."互联网＋旅游地产"模式成为旅游地产去化新招[EB/OL]. 土拍网,2015-8-24.

[133] 陈淑亚.万科牵手途家大数据运营旅游地产 首单合作落户北戴河[EB/OL]. 赢商网,2014-7-2.

[134] "号脉"互联网下海外房地产[EB/OL]. 新浪微博,2015-11-23.

[135] 陈仁科. 互联网房地产三种主要模式及存在的问题[EB/OL]. 亿房研究,2014-8-11.

[136] 艾瑞咨询. 艾瑞EcommercePlus:2011年第一季度中国网络购物市场省份和城市订单量TOP10[EB/OL]. 艾瑞官网,2011-7-8.

[137] 房地产营销新纪元开启 房产电商前途向好[EB/OL]. 网易,2011-9-19.

[138] 《2014中国房地产创新发展报告》解读之文化旅游地产篇[EB/OL]. 赢商网,2015-1-30.

[139] 徐一畅、李昌霞. 旅游地产新常态:四大盈利模式[EB/OL]. 凤凰网旅游,2015-3-31.

[140] 张琳. 盘点万达并购的十二家线下旅行社[EB/OL]. 亿欧网,2014-11-24.

[141] 夏冰. "要与迪士尼竞争"的王健林洗牌了 万达旅业并入同程旅游[EB/OL]. 每日经济新闻,2016-10-10.

[142] 产品服务.《2015—2016年中国在线旅行社市场研究报告》(摘要)[EB/OL]. 中国电子商务研究中心,2016-2-26.

[143] 中弘逸乐通卡要首发了[EB/OL]. 万隆网,2015-10-4.

[144] 夏肇玲.分时度假败走中国[EB/OL]. 新浪财经,2009-6-3.

[145] 耿靖. 中国房地产众筹的N种玩法[EB/OL]. 住在杭州网,2015-9-16.

[146] 中国房地产众筹现有的玩法大全:各类模式详细解析[EB/OL]. 赢商网,2015-9-17.

[147] 2015世界众筹大会将在贵阳举办 小镇造价超26亿[EB/OL]. 希财网,2015-10-22.

[148] 郭勤贵.公益众筹的未来与法律风险[EB/OL]. 新浪微博,2014-8-7.

[149] 耿靖. 房地产众筹的中国特色:筹资＋筹客＋筹智[EB/OL]. 网贷之家,2015-9-16.

[150] 以PPP模式推进城市设施建设及运营[EB/OL]. 湖北建设信息网,2017-1-17.

[151] 义务教育债务为一般债务 土地储备债务为专项债务[EB/OL]. 中金在线,2014-10-29.

[152] 高蕾. 房产众筹 PPP模式在我国推广运用中存在的问题及建议[EB/OL]. 刊参考网,2016-9-19.

[153] 高君. 私募股权投资基金存在哪些问题 对其有什么发展建议？[EB/OL]. 金融界,2016-8-11.

[154] 金茂资本正式进军房地产私募股权基金领域[EB/OL]. 金融界网,2017-6-16.

[155] 吴必虎,徐斌,邱扶东.中国国内旅游客源市场系统研究[M].上海:华东师范大学出版社,1999:214-215.

[156] 王福彪.旅游地产内外有别[EB/OL].新华网,2014-4-28.

[157] 西双版纳一周天气[EB/OL].北京青旅网,2015-1-30.

[158] 万达西双版纳国际度假区[EB/OL].畅言网,2016-3-28.

[159] 石塘竹海　南京的"小九寨沟"[EB/OL].凤凰网,2015-1-4.

[160] 农夫山泉有点甜,江宁[EB/OL].互动百科网,2015-3-25.

[161] 石塘村[EB/OL].放假安排网,2015-5-2.

[162] 石塘人家[EB/OL].西祠胡同网,2013-4-24.

[163] 房地产总裁俱乐部.万达业态最齐全的创意文旅项目:西双版纳国际旅游度假区是如何操盘的?[EB/OL].爱微帮网,2016-2-25.

附录一 专家打分调查表

尊敬的女士/先生：

非常感谢您能在百忙中抽空帮忙填写本问卷！本人在对《中国旅游地产开发模式创新研究》的研究过程中，对项目 A：万达西双版纳国际度假区，项目 B：南京江宁区横溪街道石塘竹海旅游项目进行分析。需要确定影响旅游地产项目开发模式选择的各因素的重要性程度得分以及对各影响因素评价得分。鉴于您在该领域的权威性以及对其中项目开发的内外部环境的了解，您将选择熟悉的项目_____填写，不胜感激！

本人确定的影响因素指标体系如下：

影响因素指标体系

影响因素		指标
外部因素		旅游政策环境 a_1
		旅游模式变化 a_2
		消费理念 a_3
		互联网 a_4
内部因素	资源能力	资源整合能力 a_5
		土地复合能力 a_6
	服务能力	配套服务 a_7
		社区平台 a_8
	资金能力	融资能力 a_9
		多重回报 a_{10}
		回笼速度 a_{11}

附表一 重要性程度打分表

外部因素各指标的重要性程度打分表

a_i \ a_j	旅游政策环境	旅游模式变化	消费理念	互联网	S	R
旅游政策环境	1					
旅游模式变化		1				
消费理念			1			
互联网				1		
T						1

注:后两列和最后一行不需要填

内部因素各指标的重要性程度打分表

a_i \ a_j	资源整合能力	土地复合能力	配套服务	社区平台	融资能力	多重回报	回笼速度	S	R
资源整合能力	1								
土地复合能力		1							
配套服务			1						
社区平台				1					
融资能力					1				
多重回报						1			
回笼速度							1		
T									1

注:后两列和最后一行不需要填

打分标准

1——a_i 与 a_j 具有同等重要性

2——a_i 比 a_j 重要一点点

3——a_i 比 a_j 稍微重要

4——a_i 比 a_j 不明显重要

5——a_i 比 a_j 明显重要

6——a_i 比 a_j 非常明显重要

7——a_i 比 a_j 强烈重要

8——a_i 比 a_j 强烈而不极端重要

9——a_i 比 a_j 极端重要

$\dfrac{1}{2}$、$\dfrac{1}{3}$、$\dfrac{1}{4}$、$\dfrac{1}{5}$、$\dfrac{1}{6}$、$\dfrac{1}{7}$、$\dfrac{1}{8}$、$\dfrac{1}{9}$——a_i 与 a_j 比较的标度值等于 a_j 与 a_i 比较的标度值的倒数

附表二　各指标打分

外部影响因素打分表

因素	项目 A 分值	项目 B 分值
旅游政策环境		
旅游模式变化		
消费理念		
互联网		

内部影响因素打分表

因素	项目 A 分值	项目 B 分值
资源整合能力		
土地复合能力		
配套服务		
社区平台		
融资能力		
多重回报		
回笼速度		

打分标准：

1——表示该因素对项目开发是重大威胁/劣势

2——表示中等威胁/劣势

3——表示一般威胁/劣势

4——表示一般机会/优势

5——表示中等机会/优势

6——表示重大机会/优势

附录二　调查问卷

您好！以下描述旨在了解各位对旅游地产开发模式的熟悉情况等，请根据您的真实情况、感受、想法，选出最合适的选项。本次调研仅作为学术研究用，您的回答完全匿名，请根据您的真实状况作答。

注意事项：

1. 每一条目都要回答，请务必不要漏答或不答；

2. 答案有单选和多选；

3. 答案无对错之分，只需按第一反应回答；

4. 请确保您有 15 分钟空闲时间，为保证质量，请一次填写完毕。

请您认真阅读问题并如实回答，您的回答对于中国旅游地产开发模式创新研究至关重要，十分感谢！

第一部分：基本信息（单选）

1. 您的年龄？_____

1）18～25 岁

2）26～35 岁

3）36～45 岁

4）46～55 岁

5）55 岁以上

2. 您的工作年限？_____

1）5 年以内

2）5～10 年

3）10 年以上

3. 您目前从事的职业？_____

1）事业单位

2）国企管理人员

3）私企管理人员

4）公务员

5）企业主

6）自由职业者

7）其他从业人员

4. 您目前的住房情况是？_____

1）自建房或自购房

2）租售房

3）家庭亲友合居

4）其他

5. 您的学历？_____

1）大专

2）本科

3）研究生及以上

6. 您的家庭总收入？_____

1）10 万元以内

2）10 万～20 万元

3）20 万～40 万元

4）40 万元以上

第二部分：问卷（单选）

　　下面是一些关于旅游地产的描述。请仔细阅读，根据每个描述与自己的真实情况和感受的符合程度，选择合适的选项。

7. 您每年的旅游次数是？_____

1）1 次及以下

2）2～3 次

3）4～5 次

4）5 次以上

8. 您每次旅游的天数是？_____

1）1 天

2）2～4 天

3）5～7 天

4）7 天以上

9. 您对旅游地产的概念了解？_____

1）比较了解

2）一般了解

3）不了解

10. 您对旅游地产的开发模式了解？_____

1）比较了解

2）一般了解

3）不了解

11. 面对逐渐大热的旅游地产发展趋势，您个人对投资旅游地产所持的态度是？_____

1）还不了解，暂时不考虑

2）有兴趣，但没认真考虑过

3）很感兴趣，打算置业

12. 您对分时度假产品的了解程度？_____

1）比较了解

2）一般了解

3）不了解

13. 您是否曾经购买过分时度假产品？_____

1）购买过

2）没有购买过

14. 您对分时度假产品最担心的问题是？_____

1）企业的信用问题

2）解决问题的技术

3）国家、当地政策

4）其他

15. 您对分权度假产品的了解程度？ _____

1）比较了解

2）一般了解

3）不了解

16. 您对产权式分时度假产品的了解程度？ _____

1）比较了解

2）一般了解

3）不了解

17. 如果您有足够的资金投资旅游地产,愿意进行海外投资？ _____

1）不愿意

2）愿意尝试

3）非常愿意

18. 您了解"智慧社区"的概念和产品？ _____

1）比较了解

2）一般了解

3）不了解

19. 您认为众筹模式与旅游地产关系如何？ _____

1）完全不了解众筹模式

2）不适合在旅游地产中运用

3）很好的模式,配上合理的收益模式,值得尝试

第三部分:问卷(多选)

请仔细阅读,根据每个描述与自己真实情况和感受的符合程度,选择多个合适的选项。

20. 投资旅游地产的风险中,您主要的担心有哪些？ _____

1）风险大

2）投资大

3) 回报率低

4) 国家政策

5) 不了解

21. 如果您要进行旅游房地产的海外投资,您担心的是什么? _____

1) 资金回报问题

2) 法律法规问题

3) 当地文化习惯

4) 运营管理问题

5) 其他_____

22. 您认为旅游地产与哪些产业、领域合作有较好前景? _____

1) 旅行社

2) 文化演艺

3) 电影

4) 大健康

5) 体育

6) 全产业

7) 其他_____

23. 如果您有足够的资金进行旅游地产投资,以下几种产品,愿意投资哪类?
_____

1) 产权式度假产品

2) 分时度假产品

3) 分权度假产品

4) 产权式分时度假产品

24. 哪种新的运营模式会对旅游地产营销带来更好收益? _____

1) 旅游地产＋电商

2) 旅游地产＋旅行社

3) 大数据分析后的精准营销

4) 其他_____

后记

中国的旅游地产已经起步,未来一段时间里将呈现快速发展的态势,作为旅游业和房地产业两大高度关联性产业的结合发展产物,旅游地产成为国民经济新的增长点。伴随着人们生活水平的提高,休闲度假的生活方式已经逐步为大家所接受,这为旅游地产快速发展提供了消费前提,也保证了旅游地产在中国的发展和成熟。然而目前旅游地产的开发理论研究不是非常雄厚和完善,实践也刚起步,对旅游地产开发进行深入的研究具有重要的理论和现实意义。随着住宅地产的相对饱和甚至过量,旅游地产在调整中不断发展,近期旅游地产与不同产业的合作、不同领域的合作、不同项目的合作、不同国度的合作,将促使新的开发模式逐渐诞生,给旅游地产业的发展注入了新的活力和发展契机。

本书以旅游地产的开发创新模式为研究对象,在梳理和总结旅游地产开发模式的相关研究成果的基础上,探讨了旅游地产开发的基本概念及其相关理论,对旅游地产初期的、现代的、创新的开发模式进行了多重分析、比较,构建了旅游地产开发模式选择模型,在此基础上对两个旅游地产项目进行了实例研究,为开发商在针对具体项目时选择恰当的、最优的新开发模式提供了理论依据和参考。

旅游地产的研究是一个新兴的研究领域,许多问题还在探索阶段;旅游地产又是一项综合性极强的产业,所涉及的问题又较为广泛。由于时间以及本人知识水平有限,收集的资料并不全面,本书对中国旅游地产开发模式的研究还存在不足之处:国际上针对"旅游地产"并没有明确公认的解释,本书是结合国内外学者的相关文献,对其及相关的概念进行归纳总结的,存在不切实或片面的地方,需要结合以后的相关理论和实践发展情况进行优化和提升;对国内现代开发模式研究中,专业资料及专业阐述并不全面,而且各开发模式之间有相互交叉的现象,难以对现代开发模式进行非常明晰的区分和比较,因此这一部分研究需要深入研究;由于旅游地产开发的新模式在起步阶段,并无太多成熟案例和研究基础,在对新模式的分析、分类、比较、选择上,存在诸多主观与不妥之处,不能完全准确而详尽地概括出新模式涉及的所有内容,需要以后进一步全面地结合旅游地产的发展情况进行研究分析和完善相关的体系;在对新开发模式选择的影响因素的权重及评价方面,本书采用问卷调查法、专家打分法,广泛征求了多位专业人士的意见,但采用何种方法更科学地评价各指标还需要在今后深入研究,需要大量考察市场上的旅游地产项目,进行综合的分析、总结和评价,优化定量的研究模型。

　　时光荏苒,岁月如梭。回首撰写的过程,磨炼了意志,积累了经验,并日益成熟。这段经历,将是一份让我终身受益的财富,将永远激励着我不断追求新的发展。由衷地感谢所有帮助过我的老师、同学和朋友。首先要感谢上海交通大学博士生导师唐元虎教授,在他的悉心指导和不断鼓励下,我的专著得以顺利完成,他对书稿选题、全书框架、研究方法、研究内容进行了细心的指教,对文字表述、引注、标题等细节都逐字逐句进行了斟酌,他给予的宝贵意见和深入指导是本人成长的财富。感谢过程中给予指导的各位专家、教授和给予帮助的朋友们,感谢相关公司在数据收集、访谈、调研过程中给予大力支持的同仁。同时还要感谢家人给予我的大力支持和奉献。书中难免会存在片面、偏颇之处,敬请各位读者、专家雅正。

龚苏宁

2018 年 6 月 12 日

于上海